古代史　不都合な真実

12の古代文書が暴く「日本書紀」の嘘

関　裕二
Yuji Seki

JIPPI Compact

実業之日本社

……◉はじめに

古代史の謎を解く12のカギを教えよう

古代史が謎だらけなのは、なぜだろうか。

理由はハッキリしている。一つの常識が、見る目を曇《くも》らせているのだ。

つまり、「現存する日本最古の正史である『日本書紀《にほんしょき》』は天皇家のために書かれたもの」という常識である。

ヤマト建国当初、祭祀《さいし》に専念していた王家だが、しだいに力をつけ、豪族（首長）たちと主導権争いを演じ始めた。それが、五世紀後半のことだ。

七世紀に入ると、中央集権国家建設の機運はいよいよ高まったが、いざ律令《りつりょう》制度が完成してみると、意外なことが起きた。

もともと中国の皇帝を頂点にした法制度だった律令は、日本に移入されて、「貴族（太《だ》政官《じょうかん》〜旧豪族）の決断を天皇が追認していくシステム」に、すり替わっていたのだ。この「王家から実権を奪い、貴族連合を構成するための律令制度」を創案したのは蘇我《そが》氏で、この事業を横取りし、自家の繁栄のために悪用したのが藤原氏である。古代史と『日本書紀』を考えるうえで、ここは大切なのだ。

『日本書紀』は律令制度の完成から約二十年後に編纂《へんさん》されたが、当時実権を握っていたのは藤原不比等《ふじわらのふひと》だった。

つまり、『日本書紀』は天皇家のために書かれたように見えて、実際には藤原氏の正統性と正当性を証明するために書かれた歴史書だった。そして、この単純な事実を見落としていたから、古代史は迷宮入りしたわけである。

もっとも、この事実だけがわかっても、まだ、多くの謎が残されている。そこで注目すべきは、『日本書紀』以外の古代文書《もんじょ》の存在だ。

『古事記《こじき》』、『万葉集』、『懐風藻《かいふうそう》』、『先代旧事本紀《せんだいくじほんぎ》』、『上宮聖徳法王帝説《じょうぐうしょうとくほうおうていせつ》』、『元興寺伽藍縁《がんごうじがらんえん》起幷流記資財帳《ぎならびにるきしざいちょう》』などなど、そのどれもが、『日本書紀』の記述に似ているが、要所要所で矛盾《むじゅん》している。これは、各文書の工夫とみなすべきだ。

藤原氏は近世に至るまで、朝堂《ちょうどう》を牛耳《ぎゅうじ》っていたから、誰も「『日本書紀』の示す歴史観」に異を唱えられなかった。そこで、暗号や隠語を用いて、『日本書紀』のウソを暴《あば》こうと、みな必死だったのである。たとえば『竹取物語《たけとりものがたり》』も、ただのお伽話《とぎばなし》ではない。天皇に同情し、藤原氏を呪《のろ》っている。

藤原氏は、他者との共存を拒《こば》み、歯向《はむ》かってくる敵を容赦《ようしゃ》なく潰《つぶ》した。たとえそれが皇族であろうとも、お構いなしだったから、みな震《ふる》え上がり、みな藤原氏を恨《うら》んだ。だから、あらゆる手段を駆使してでも、藤原氏の「不正義」を証明しようと企《たくら》んだのである。

本書では、これまで見過ごされてきた、こうした古代文書の秘密を、一つ一つ、解《と》き明かしていくことにしよう。

きっと古代人の怨嗟《えんさ》の声が、聞こえてくるはずだ。

関　裕二

古代史　不都合な真実　◎目次◎

第一章　『日本書紀』の裏側に何があったのか……13

第二章 『古事記』と『先代旧事本紀』が暴く不都合な古代史

第三章

『上宮聖徳法王帝説』と『元興寺伽藍縁起幷流記資財帳』が暴く不都合な古代史

第四章

『万葉集』と『懐風藻』が暴く不都合な古代史……125

第五章

『古語拾遺』と『藤氏家伝』が暴く不都合な古代史 …153

第六章

『竹取物語』と『御伽草子』が暴く不都合な古代史…175

装幀◎杉本欣右
図版◎笹森　識
DTP◎サッシィファム
編集協力◎オフィスON

第一章

『日本書紀《にほんしょき》』の裏側に何があったのか

『日本書紀』は藤原氏のために書かれた

『日本書紀』は養老四年（七二〇）に編纂《へんさん》された現存最古の正史だ。「正史」は「正しい歴史」という意味ではない。朝廷が正式に編纂した歴史書のこと。朝廷が正直に歴史を記録したかといえば、じつに怪《あや》しい。都合の悪いことを書き残さなかったであろうことは、容易に想像がつく。

『日本書紀』編纂の十年ほど前に、平城京遷都《せんと》（七一〇年）が敢行《かんこう》されている。奈良盆地南部の旧都・新益京《あらましのみやこ》（藤原宮《ふじわらのみや》）から、北側に都は遷《うつ》された。問題は、この平城京の本当の主が天皇ではなかったということだ。歴史ファンが大好きな、古代史最大の英雄・中臣鎌足《なかとみのかまたり》の子・藤原不比等《ふじわらのふひと》なのである。

藤原不比等という人物、じつはフェアな人物とはいいがたい。多くの古代豪族や、いうことを聞かない皇族を蹴落《けおと》とし、藤原氏だけが栄える社会を構築しようと目論《もくろ》んだ。陰謀好きで、独裁志向が強かった。血の粛清《しゅくせい》も一度や二度ではない。これは、父親譲《ゆず》りの遺伝らしい。中臣鎌足にも、裏の顔があった。だから、藤原氏は多くの恨《うら》みを買っていたし、

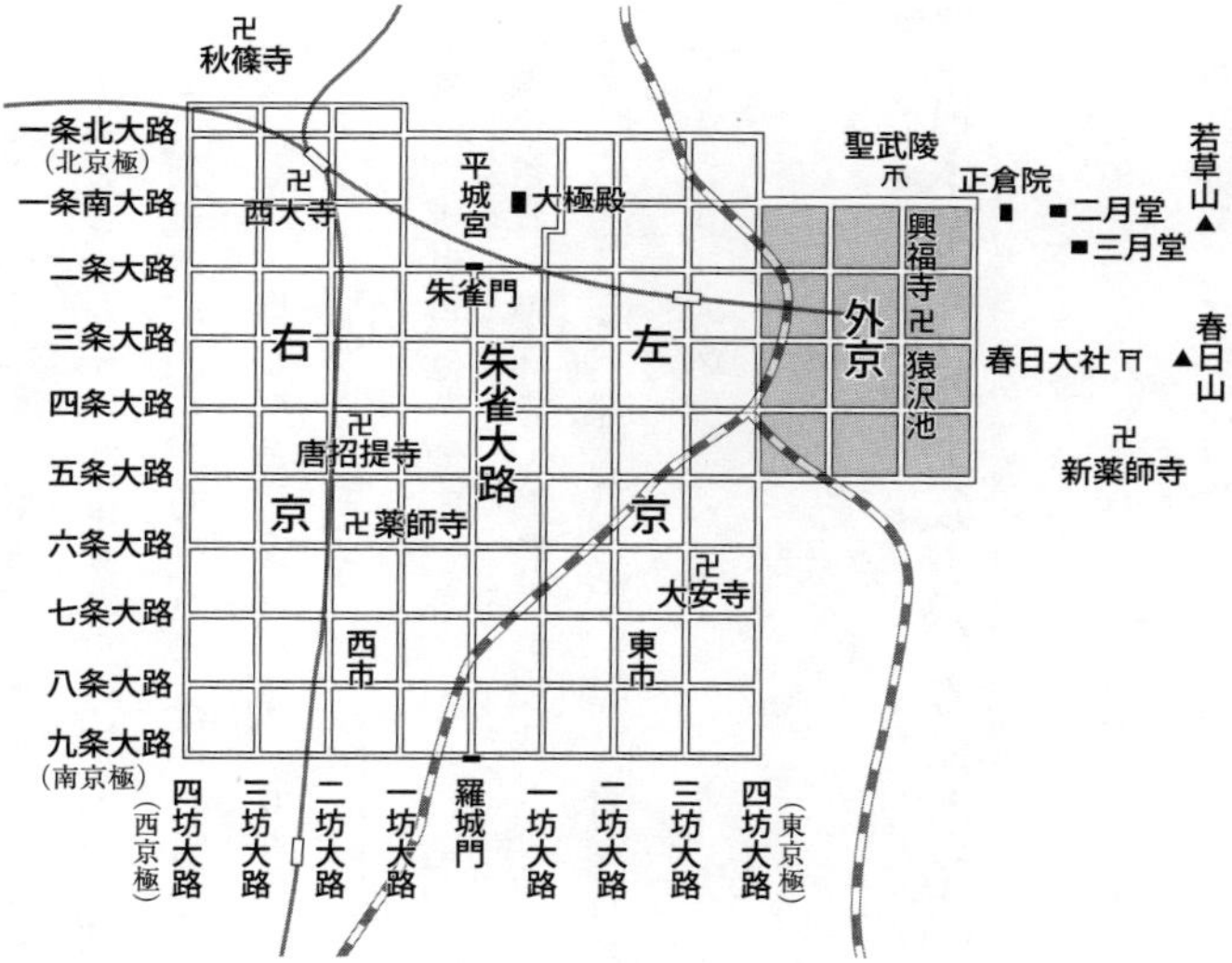

平城京の「外京」が物語る藤原氏の深謀遠慮

歴史から抹殺したい「後《うし》ろめたい事情」は、山ほどあったと思われる。

平城京遷都の直前、朝廷のトップに立っていたのは左大臣《さだいじん》・石上《いそのかみ》（物部《もののべ》）麻呂《のまろ》で、藤原不比等は二番手の右大臣《うだいじん》だった。ところが、石上麻呂は天皇から旧都の留守役に命じられ、新都に移ることができなかった。一国の宰相《さいしょう》が、旧都にゴミのように捨てられた。仕掛けたのは、藤原不比等である。その理由は、平城京の形を見れば一目瞭然《いちもくりょうぜん》だ。

平城京は左右対称ではなく、東北のすみに出っ張りがある。これが「外京《げきょう》」で、現在の近鉄奈良駅の東側、奈良市街の中心部にあたる。

この外京の中でも、藤原氏は興福寺《こうふくじ》周辺の一等地を手に入れている。猿沢池《さるさわのいけ》からやや長い階段を登った先に興福寺五重塔はある。池からは見上げる位置にあって、高台とすぐわかる。天皇の宮から、ちょうど太陽が昇るあたりに、藤原氏は意地悪く興福寺や春日大社《かすがたいしゃ》を建てた。天皇が昇る日を拝《おが》めば、藤原氏に手を合わせる形となる。逆に、藤原氏は宮を見下ろし、「平城京の本当の主はわれわれ」と、ほくそ笑んでいたに違いない。

要は、平城京は藤原不比等のために造られた都であり、遷都から十年後に『日本書紀』が編纂された意味を、われわれはよくかみしめておく必要があるのだ。

藤原不比等は、『日本書紀』編纂時の権力者だった。『日本書紀』は、藤原不比等が編纂を急《いそ》いだ正史なのである。

『日本書紀』は王家をバカにしている

『日本書紀』は天皇家のために記された歴史書ではない。たとえば、『日本書紀』は王家を小馬鹿にしている。

皇極《こうぎょく》四年（六四五）六月十二日に蘇我入鹿《そがのいるか》は飛鳥板蓋宮《あすかのいたぶきのみや》で暗殺されるが、この時、中大兄皇子《なかのおおえのみこ》と中臣鎌足は、不思議な場所に立っていた。ちなみに、中大兄皇子はこの時点で、有力な皇位継承候補だったが、中臣鎌足は無位無冠のどこの馬の骨とも知れぬ人物で、両者の間に天と地ほどの身分の差があった。ところが、中大兄皇子が自ら体を張って蘇我入鹿に斬《き》りつけいている最中、中臣鎌足は弓を持って後方の安全な場所で、高みの見物をしゃれ込んでいた。中大兄皇子が使いっ走りのような設定ではないか。

そういえば、中大兄皇子と中臣鎌足がコンビを組むときも、おかしなことがあった。中臣鎌足は蘇我蝦夷《えみし》と入鹿の本宗家（本家）の専横《せんおう》に業《ごう》を煮《に》やし、ともに手を携《たずさ》える有能な皇族を物色したと『日本書紀』はいう。最初に目に止まったのは軽皇子《かるのみこ》で、のちに即位して孝徳《こうとく》天皇となる。

しかしこのあと、中臣鎌足は中大兄皇子に鞍替《くらが》えしている。中大兄皇子を優《すぐ》れているとみなしたからだ。

この話、何かが奇妙ではないか。『日本書紀』が天皇家の視点で編《あ》まれたのなら、優秀な中大兄皇子が、頭の切れる部下を探す話になっていたはずだ。それを、臣下の者が皇族を品定めし、物色するという話では、「不敬《ふけい》」というほかはない。

これこそ、『日本書紀』が藤原氏の視点で記された最大の証拠である。藤原氏、何様のつもりなのだろうか。

それだけではない。『日本書紀』は中大兄皇子が人びとに罵倒《ばとう》されていたことを、隠そうともしない。

天智《てんち》二年（六六三）、中大兄皇子は一度滅亡した朝鮮半島南部の百済《くだら》を復興しようと、遠征軍を送り込んだが、唐《とう》と新羅《しらぎ》の連合軍の前に大敗北を喫する。この時、人びとは遠征に消極的で、「負けるに決まっている」と無理な遠征を批難していた。さらに、天智六年（六六七）三月、中大兄皇子は都を飛鳥から近江《おうみ》の大津宮《おおつのみや》（滋賀県大津市）に遷《うつ》すのだが、この時、「天下の百姓《おおみたから》（国中の人びと）」は、遷都に反対し、遠回しに諫《いさ》める者も多くいた。ほうぼうで昼夜を問わず火災が発生したという。火災は、放火であり、内乱寸前の事態と思われる。

これほど批難された天皇が、かつて存在しただろうか。なぜ、『日本書紀』は中大兄皇子をかばおうとせず、不穏な情勢をそのまま記録したのだろうか。『日本書紀』は王家を見下《みくだ》している。

みな藤原不比等の術中にはまっている

　そもそも『日本書紀』は、どのような経緯で編纂されたのだろうか。第四十代天武《てんむ》天皇が編纂を命じたと一般には考えられている。だから、『日本書紀』は天武天皇にとって都合のよい文書と信じられている。壬申《じんしん》の乱（六七二年）で甥《おい》を殺して政権を奪ったことを正当化するために記されたという。

　しかし、ここからして、ボタンを掛け違えている。古代史迷宮入りの最大の原因は、『日本書紀』を誤解していることといっても過言ではない。

　戦後史学界の基礎を築いた津田左右吉《つだそうきち》は、『日本書紀』について、次のように考えた。要点だけをまとめておく。

（1）神話は絵空事《えそらごと》で、歴史とは切り離さなければならない。
（2）『日本書紀』は初代天皇を神武と記録するが、実際は第十代崇神《すじん》天皇から始まった。
（3）六世紀以前の『日本書紀』の記述は信用できない。

（4）『日本書紀』や『古事記』には、『帝紀《ていき》』と『旧辞《きゅうじ》』という親本があった（『帝紀』は歴代の天皇、皇室の系譜など。『旧辞』は古くから存在した歴史書。どちらも現存しない）。

（5）『日本書紀』と『古事記』の編纂には、天武天皇の強い意思が働いている。

戦後ほとんどの史学者は、この津田左右吉の考えに、大きく頷《うなず》いてみせた。ではなぜ、通説は「『日本書紀』は天武天皇の肝《きも》いり」と考えたのだろうか。理由は二つある。

まず第一に、編纂の発端が天武天皇の時代にあったことだ。天武十年（六八一）三月に詔《みことのり》して、「帝紀と上古の諸事を記定《しるしさだ》めしめたまふ（『帝紀』と上古の諸事を記録した）」とある。つまり、天武天皇の時代に歴史書の編纂が命じられたということである。

そして第二に、天武天皇の王家は、奈良時代後半の称徳《しょうとく》天皇の崩御《ほうぎょ》まで続き、『日本書紀』は天武の王家の中で編纂されたから、当然、『日本書紀』は天武天皇やそのあとに続く天武の王統にとって都合のよい文書であると信じられてきたことである。

しかし、ここに大きな落とし穴が隠されていた。

天武天皇崩御のあと、皇太子の草壁皇子《くさかべのみこ》は、即位することなく二年数ヵ月を無駄に過ごしたのち亡くなっている。そこで即位したのは、草壁皇子の母で、天武天皇の皇后だった鸕野讃良皇女《うののさららのひめみこ》（持統《じとう》天皇）である。『日本書紀』は、天武天皇と持統天皇が「稀《まれ》にみるおしどり夫婦」だったと記録し、誰もこれを疑わない。持統は中継ぎで草壁皇子の子・軽《かる》皇子（文武《もんむ》天皇）の成長を待ち、天武の王統を守ろうとしていた、というのである。

しかし、持統は天智天皇の娘だった。この事実を軽視することはできない。

古代史上最大の黒幕とされる藤原不比等

天智と天武は仲の悪い兄弟で、天智は弟・天武を殺そうとさえしていた。そして天智の娘の持統は、結果として天武の王家を乗っ取り、いつの間にか「天智の王統」にすり替えることに成功している。持統は恐ろしい女性なのだ。そうだったからこそ、『日本書紀』はこの事実を糊塗《こと》するために、「これほど仲のよい夫婦はいなかった」と強調していたのだ。

天武存命中は日の目をみなかった藤原不

比等を大抜擢したのは持統天皇で、持統天皇崩御ののち、藤原不比等は権力を握り、『日本書紀』編纂の中心に立ち、神話の太陽神を女神にすり替え、その天照大神《あまてらすおおみかみ》を持統天皇に重ねて見せた。要は、持統女帝から始まる観念上の王家を創出して、天智天皇の王家を復活させていたわけである。

藤原不比等は、父・中臣鎌足が支《ささ》えた「天武の宿敵＝天智（中大兄皇子）」の王家の側について、『日本書紀』を編纂したのだ。『日本書紀』が天武天皇の文書に見えるのは、『日本書紀』編纂の目的を隠匿《いんとく》するためのトリックである。

みな、藤原不比等の術中にはまっている。そして、いまだに騙《だま》され続けているのである。

飛躍的に進展した『日本書紀』研究からわかること

『日本書紀』研究は、飛躍的に進捗《しんちょく》した。

『日本書紀』を複数の人物が執筆していたことは、ずいぶん昔にわかっていた。そこで、全三十巻の中の、誰がどこを書いたのか、その区分けをする必要があった。戦前に岡田《おかだ》正之《まさゆき》が手をつけ、近年、森博達《もりひろみち》が大きな成果をあげたのだった（『日本書紀成立の真実』中央公論新社）。

『日本書紀』は漢文で構成されているが、森博達は、漢字の形、音、義（意味）の三要素から、音韻《おんいん》分析によって、『日本書紀』をα《アルファ》群（正音《せいおん》）とβ《ベータ》群（倭音《わおん》）に分類し、そして最後の巻「持統《じとう》天皇紀」も別の項目に分類した。α群は正確な漢文だったのに対し、β群には日本的な誤用（倭習《わしゅう》）が残されていたのだった。また、α群にも誤用が散在したが、その部分は後人の潤色《じゅんしょく》や加筆だった思われる。そして、α群の「万葉仮名《まんようがな》」にもいくつかの誤りがあった。つまり、α群は中国語を、β群は日本語を母国語にしていた人が書いたことになる。しかも、α群を書いた人間は日本語がわかっていない中国人だった可能性が高い。

そのうえで、森博達は、実際に誰が『日本書紀』を執筆したのか、具体的に推理を進めていくのだが、それよりも問題なのは、次の指摘だ。乙巳《いっし》の変直前と孝徳朝の記事がα群に属して正確な漢文で書かれているにもかかわらず、蘇我入鹿が大悪人と信じられるきっかけとなった上宮王家《じょうぐうおうけ》滅亡事件や乙巳の変の記述に、大幅な「日本人的な加筆」が施《ほどこ》されていたというのである。

つまり、蘇我入鹿を大悪人に仕立て上げるために、一度完成したストーリーに、手を加えていたことがわかるというのである。

そのうえで、森博達は『日本書紀』の編修は杜撰《ずさん》だと指摘し、それには理由があったという。当時の権力者は藤原不比等だから、この人物が編纂の中心に立っていたと推理し、撰上《せんじょう》を急《いそ》いだのは藤原不比等が最晩年で、死期が迫っていたから、とするのである(前掲書)。その通りだろう。

『日本書紀』を精密に分析し、誰が編纂の中心に立っていたかは、ほぼ確かめられた。誰あろう、藤原不比等という権力者である。

中国では歴史書は王朝交替とともにつくられ、前政権の腐敗を暴《あば》き(誇張し)、世直しの正当性を唱える。日本の場合、八世紀に天皇家は潰《つぶ》されていないが、多くの豪族たちが没落した。正確には、藤原不比等に蹴落《けお》とされ、滅亡していったのである。そして、新興勢力の藤原氏の天下がやって来たのだ。このタイミングで『日本書紀』が編まれたのだから、この文書が藤原氏のために書かれたということは、火を見るよりも明らかだったのである。

高まりつつある蘇我氏見直し論

藤原不比等が『日本書紀』を編纂した目的は、いったい何だろうか。もちろん、藤原氏や中臣鎌足を顕彰《けんしょう》する（隠された善行や功績を広く知らせる）こと、自家の正当性を証明することだろう。そのために何をしたかといえば、政敵たちを悪人に仕立て上げることだった。最大の標的になったのは、もちろん蘇我氏である。

藤原不比等の父は中臣（藤原）鎌足で、古代史最大の英雄だ。よく知られるように、蘇我入鹿暗殺の立役者になった。皇極四年（六四五）、飛鳥板蓋宮大極殿で、中大兄皇子と中臣鎌足らの手で、蘇我入鹿は斬り殺され、そのあと、入鹿の父・蝦夷ら蘇我本宗家（蘇我氏の本家）は滅亡した。これが乙巳の変で、この翌年に孝徳天皇のもとで始まる改革事業が、大化改新である。

『日本書紀』は蘇我蝦夷と入鹿の親子が専横を繰り広げ、王家を蔑《ないがし》ろにし、あろうことか、王家を乗っ取ろうとしたと記録する。だから今日に至っても、蘇我氏は大悪人と誰もが信じている。しかし、藤原不比等が父の業績を顕彰するために、蘇我氏を必要以上に悪く書いた可能性は高いといわなければならない。

実際、近年蘇我氏見直し論が唱えられ、蘇我氏は改革派だったのではないかと考えられるようになってきた。

六世紀ごろから、大王《おおきみ》（七世紀後半に天皇と呼ばれるようになった。以下、混乱を避けるためにも「天皇」で統一）は屯倉《みやけ》（直轄領）を増やして実力をつけていくのだが、蘇我氏がこれに協力していたことがわかってきた。蘇我氏は娘を天皇に嫁《とつ》がせ、産まれた子が即位して、外戚となった。だから、蘇我氏は王家と共に繁栄する道を歩んだのであり、官僚機構を刷新したのも蘇我氏で、中央集権国家の基礎を築いた。七世紀の国家の発展も、彼らの活躍抜きにはありえなかったと考えられるようになってきたのだ。

『日本書紀』は、「蘇我氏は天皇家を乗っ取ろうとした」と記《しる》すが、王家と共存することで繁栄する構図を築き上げた蘇我氏にその必要はなかったのである。

では、「蘇我蝦夷と入鹿は大悪人だった」と主張する『日本書紀』と、近年の「蘇我氏見直し論」、どちらを信じるべきなのだろうか。

そこで、『日本書紀』が蘇我氏をどのように描いてきたのか、その記述を探っておく必要がある。

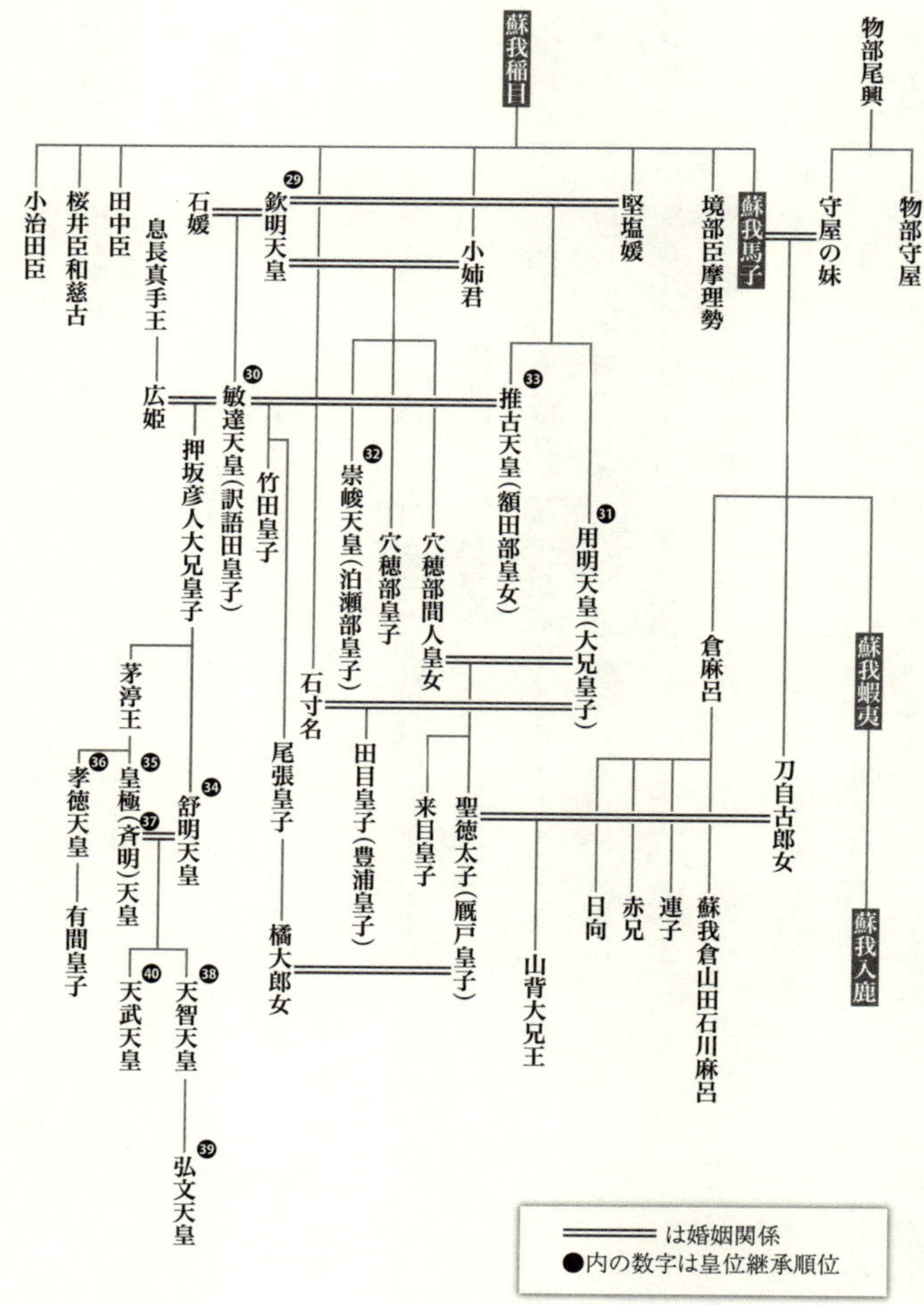

蘇我氏と天皇家の関係図

蘇我入鹿暗殺に至る道のり

蘇我氏を大悪人とわれわれが信じてきたのは、『日本書紀』に蘇我氏の悪事が事細かに記録されていたことと、史学者たちが『日本書紀』の主張をほぼ認めて、教科書にもそう書いてあったからである。

蘇我氏の専横は、皇極天皇（宝皇女《たからのひめみこ》）の即位後に顕著になる。このあたりは『日本書紀』がもっとも力を注いだ場面でもあるので、記述を多めに拾っておく。

皇極元年（六四二）是歳条《このとしのじょう》に、「蘇我蝦夷が祖廟《そびょう》を葛城《かつらぎ》の高宮（奈良県御所《ごせ》市森脇）に建て、さらに八佾《やつら》の舞《まい》を行なった」とある。八佾の舞は中国の天子の特権だった方形《ほうけい》群舞《ぐんぶ》だから、蘇我氏はここで自らを皇帝になぞらえていたことになる。

さらに、「蘇我蝦夷と入鹿の親子は墓を造ったが、この時、上宮（聖徳太子一族）の乳部《みぶ》の民（皇子に養育料として与えられた民）を勝手に使役した」とある。

これに対し、聖徳太子の娘は怒り、「蘇我臣は専横を繰り返し、礼を失している。天に二つの太陽はなく、国に二人の王はいない。それなのに、なぜわれわれの民を勝手に使うのか」と恨んだ。

皇極二年十月、蘇我蝦夷は病のため朝廷に出仕できなかった。そこで、勝手に蘇我入鹿に紫冠を授け、大臣の位になぞらえた。増長した蘇我入鹿は、このあと、聖徳太子の子・山背大兄王《やましろのおおえのみこ》が邪魔になり、一族を滅亡に追い込み、これが遠因となって、乙巳の変が勃発している。

ここで、蘇我入鹿が殺されるに至る経過を順番に追っていこう。

皇極三年、中臣鎌足（中臣鎌子）が『日本書紀』に初めて登場する。神祇伯《じんぎはく》（神道祭祀《しんとうさいし》の最高責任者）抜擢《ばってき》に対し、再三固辞したうえに、病と称して三嶋（大阪府三島郡）に引っ込んでしまった（そもそも、無位無冠の中臣鎌足になぜ、神祇官の長官の役目が回ってきたのか、じつに怪しい。しかも、この時代「神祇官」、「神祇伯」そのものが存在していない。これは、「中臣鎌足は驕《おご》りのない人」を印象づけるためのカラクリではないか）。

この時、ちょうど軽皇子《かるのみこ》（のちの孝徳天皇）が足を悪くして自宅で療養していた。そこで、中臣鎌足は軽皇子のもとに通い、親睦《しんぼく》を深めた。もちろん、蘇我本宗家の専横を抑えたい（滅亡に追い込みたい。抹殺してやりたい）という思いから、手を組むべき相手を探していたのである（臣下の者が皇族の品定めをするということは、藤原不比等の皇族に対する「優越感」が浮き出てしまった場面。外京から王宮を見下ろしていた男の本音であろう）。

軽皇子は中臣鎌足の意気の高さ、人となりのすばらしさを知り、寵妃《ちょうひ》を与えるほどであった。

中臣鎌足は、「身に余《あま》る幸運。皇子が王となり君臨することを、誰も阻《はば》むことはできますまい」と人に語り、この言葉が軽皇子の耳に入り、皇子は大いに喜んだという（中臣鎌足はどれだけえらいのか。くどいようだが、無位無官の人物に褒《ほ》められて舞い上がる皇位継承候補……。ありえない。侮辱的。なぜ、誰もこのことに気づかないのか）。

しかし、中臣鎌足の本命は、軽皇子ではなく、中大兄皇子にあった（さらに王家をバカにしているではないか）。

なかなか近づくことができなかったが、たまたま法興寺（飛鳥寺）の槻《つき》（けやきの古名）の木の下で打毬《うちまり》（蹴鞠《けまり》）が行なわれ、ここでようやく知り合うことができた。中大兄皇子の履《は》いていたものが脱《ぬ》げ、それを中臣鎌足が捧《ささ》げ持ち、中大兄皇子も跪《ひざまず》いて応えたのである。

飛鳥板蓋宮でクーデターが起こる

こののち、二人は意気投合し、入鹿暗殺の計画を練っていく。まず二人は蘇我一族の切り崩しを画策《かくさく》した。蘇我入鹿の従兄弟《いとこ》・蘇我倉山田石川麻呂《そがのくらやまだいしかわのまろ》の長女を中大兄皇子が娶《めと》り、姻戚関係を結び、そののちに、暗殺計画の仲間に引きずり込もうという算段だ。

中臣鎌足が段取りをつけ、蘇我倉山田石川麻呂の長女と結ばれるというその日、この女人は略奪されてしまう。蘇我倉山田石川麻呂は困り果ててしまったが、妹の一人（おそらく遠智娘《おちのいらつめ》であろう）が身代わりになりましょうと申し出たことで、一件落着した。

こうして、皇極四年（六四五）六月八日、いよいよ入鹿暗殺が決行される。

三韓《さんかん》（朝鮮半島の三国～高句麗《こうくり》・百済《くだら》・新羅《しらぎ》）が飛鳥板蓋宮大極殿《あすかいたぶきのみやだいごくでん》（奈良県高市郡明日香村）で調《みつき》を奉《たてまつ》るその日、蘇我入鹿の隙《すき》をついて、ブスリという計画であった（いがみ合っていた朝鮮半島の三つの国が一堂に会するという話に関しては、通説も「本当だろうか。何かしっくりこない」といっているが……）。

大極殿には皇極天皇と古人大兄皇子《ふるひとのおおえのみこ》（蘇我系の皇位継承有力候補）が控えていた。そこに蘇我入鹿が登場する。

中臣鎌足は入鹿の警戒心が強いことを知っていたので、俳優《わざおき》に知恵を授けて、おどけさせて、剣を奪い取った。そして、ここで打ち合わせ通り、蘇我倉山田石川麻呂が三韓の表を読み上げる（蘇我倉山田石川麻呂は蘇我入鹿を油断させる役目を負《お》っていた）。建物の門すべてを閉《し》めた中大兄皇子は、槍《やり》を持ち、身を隠した。中臣鎌足は弓矢をもって援護する。

刺客に選ばれた面々は、ここで飯を流し込んだが、その中の一人、佐伯連子麻呂《さえきのむらじこまろ》はあまりの緊張に嘔吐《おうと》してしまう（暗殺現場で、食事するものなのか？　ここは、不自然な演出というほかはない）。

すでに上表文は読み終わろうとしているのに、何も始まらないことに蘇我倉山田石川麻呂は動転し、わなわなと声が震《ふる》え出した。怪しんだ入鹿が、「どうして震えているのか」と問いただすと、倉山田石川麻呂は、「天皇のそば近くに侍《はべ》って、恐れ多いのです」と答えた。

入鹿の威に圧倒されて身動きができなくなってしまった佐伯連子麻呂の姿を見て、中大兄皇子は「やあ」と気合いを入れ、子麻呂と共に電光石火のごとく、入鹿に斬りかかった。

頭から肩にかけて血に染まった入鹿は、驚いて立ち上がる。そこへ子麻呂が足元にもう一撃を喰らわした。入鹿は皇極天皇ににじりより、

「まさに、皇位にいるべきは天子です。私に何の罪があるというのでしょう。お教えください」

と訴えた。

皇極天皇は驚き、自分は何も知らないといい、息子の中大兄皇子に事態の説明を求めた。すると中大兄皇子は、

「鞍作《くらつくり》（蘇我入鹿）は、王族を滅ぼして、天位を奪おうとしているのです。鞍作に王位を奪い取られてなるものでしょうか」

こう叫ぶと、皇極天皇は、言葉を失い、現場を立ち去っていった。こうして、入鹿は殺され、その屍《しかばね》にむしろがかぶせられ、雨ざらしにされた……。

古代史の流れを変えた蘇我入鹿の暗殺

この直後、古人大兄皇子は自分の宮に舞い戻り、

「韓人《からひと》が入鹿を殺した。胸が張り裂けそうだ」

と（謎の言葉を）叫び、門を固く閉ざしたまま出てこなかった。

クーデターに成功した中大兄皇子は法興寺《ほうこうじ》（飛鳥寺）に拠点を移し、目と鼻の先の甘樫丘《あまかしのおか》の蘇我蝦夷と対峙した。親蘇我派の豪族東漢氏《やまとのあやうじ》は兵をかき集め、巻き返しを計ろうとするが、「入鹿の道連れになって殺されてしまうのは犬死にぞ」という説得があって、みな、散りじりに逃げてしまった。

こうして孤立した蘇我蝦夷は、滅亡した……。

聖徳太子は存在しない創作された人物!?

この場面、つっ込みどころ満載で、ついいろいろ書き込んでしまったが、もっとも大切なのは、蘇我入鹿暗殺の正当性を中大兄皇子が「王族を滅ぼしたから」と叫んでいることだ。

それは、具体的には山背大兄王《やましろのおおえのみこ》（上宮王家）滅亡事件のことで、聖徳太子の子の山背大兄王とその一族を蘇我入鹿が襲い、結局、山背大兄王は一族を道連れに自害して果てたのである。

この事件も、じつに「不自然」だから、その経過を辿《たど》ってみよう。話は少し遡《さかのぼ》る。

皇極二年（六四三）、蘇我入鹿は増長し、山背大兄王を消し去ろうと考えた。皇位継承問題のこじれから、邪魔になったのだ（と、『日本書紀』は匂《にお》わしている。ただし、皇位に執着し、ごねたのは山背大兄王なのだが）。

この年の十一月、蘇我入鹿は山背大兄王のいる斑鳩宮《いかるがのみや》（奈良県生駒《いこま》郡斑鳩町）に兵を繰り出す。山背大兄王の兵は三十人ほど出て激しく抵抗したがかなわず、山背大兄王は寝殿に馬の骨を投げおき、一族郎党を率いて生駒山に避難した。斑鳩宮は焼かれ、灰の中の骨（馬）を見た兵たちは、山背大兄王が亡くなったと思い込み、囲《かこ》みを解《と》いて戻った（見間違えるはずがないのに……？）。

難を逃《のが》れた山背大兄王は、山中で策を練《ね》る。すると、次の進言があった。

「東国に落ち延び、乳部の兵を起こせば、必ず勝利を収めるでしょう」

これに対し、山背大兄王は、

「その通りかもしれない、しかし、我が身のために民百姓を苦しめるわけにはいかない。後世、私のために父や母を失ったといわれたくはないのだ。戦《いくさ》に勝って、ますらおとたたえられるだろうか。そうではなく、我が身を捨てて国の安定を図るのが、真のますらおではないのか」

と反論した。

蘇我入鹿は山中に山背大兄王たちが潜伏していることを知り、再び兵を挙げ、生駒山を囲ませた。しかし、山背大兄王はすでに山を下りており、斑鳩寺（創建法隆寺）に戻るも、蘇我入鹿のさし向けた軍勢に囲まれてしまう。山背大兄王は、

「このからだ、入鹿にくれてやろうぞ」

といい放ち、一族郎党と共に自害して果ててしまった。この時、大空に五色の幡《はた》と蓋《きぬがさ》が舞い、舞楽が奏《かな》でられ、神々《こうごう》しい光に満ちた。人々は驚き嘆き、入鹿に指し示したが、幡は黒い雲となって、入鹿には見えなかった……。

最後の場面は特に過剰な演出で、かえって胡散臭《うさんくさ》い。そして、何よりも「民を苦しめたくない」といいつつも、一族を道連れにした意味がわからない。「これこそ聖人君子のす

ること」と礼讃する学者や「崇高な精神」と持ち上げる哲学者も存在したが、それはおかしい。解釈に無理がある。

『日本書紀』編者は、「蘇我入鹿は聖者と称《たた》えられた聖徳太子の子たちを殺してしまった」、「だから蘇我入鹿は殺されて当然だったのだ」といいたいのだろうが、山背大兄王の一族は、

「われわれは蘇我から出ている（蘇我系皇族）のだから、山背大兄王を皇位につけてほしい」

と、蘇我氏に懇願している。山背大兄王自身も後押しをしていた蘇我系豪族が殺されても、なお皇位に固執し続けていた。誰も彼もが「俗物」で、物語に一貫性がない。

この話、どのように考えるべきなのだろうか。

結論を先に述べておこう。

くどいようだが、藤原不比等は父を顕彰する必要があって、歴史をひっくり返さねばならなかった。

蘇我入鹿が改革の旗振《はたふ》り役をやっていて、中大兄皇子と中臣鎌足は、これを潰《つぶ》しにかかった。彼らこそ反動勢力だったのである。しかし、その事実を残しておいては、「藤原

の正義」は証明できない（証明というよりも、歴史の改竄《かいざん》だが）。そこで、藤原不比等は大きなカラクリを用意する必要があった。

改革者を大悪人にすり替える方法……。それは、蘇我氏の業績を他の人物にかぶせ、聖者たちを殺す役回りを蘇我入鹿に演じてもらうことだ。

藤原不比等は、「比類なき聖者・聖徳太子」を創作し、物語の中で彼の子供たちを蘇我入鹿に殺させた……。

もともとこの世には存在しなかった聖徳太子だから、子供たち（上宮王家）は一度に、きれいに蒸発してもらう必要があった。だから、別々に暮らしていたはずの上宮王家は、意味もなく一ヵ所に集められ、山背大兄王に死を強要され、しかも、それが「本当なら馬鹿らしい、ありえない話」であることを誤魔化すために、天子のように天空を舞って昇天したということにしたのである。

もし、上宮王家滅亡事件が事実なら、理解できないことがいっぱいある。たとえば、目撃者である法隆寺（斑鳩寺）が、平安時代に至るまで、山背大兄王の一族をまともに祀《まつ》っていない。彼らの墓も確認できていない。本当に上宮王家が非業の死を遂げたのなら、これはありえない話なのである。

蘇我本宗家が滅亡して改革は一気に進んだという『日本書紀』のトリック

『日本書紀』は蘇我氏を悪人に見せかけるために、いろいろなカラクリを用意しているが、どれもこれも、現実味のない話になってしまった。それを鵜《う》のみにしていたのは、歴史家の落ち度だし、『日本書紀』がそれほど大胆な嘘をつくはずがないと、思い込んでいたからだろう。

ただし、『日本書紀』には、巧妙にしつらえたカラクリもある。その一つが「大化改新《たいかのかいしん》」だ。乙巳の変で蘇我本宗家が滅亡した途端、律令制度が一気に整備されたと『日本書紀』はいう。この「大化改新」をめぐる記述は、まさに「蘇我氏がいなくなったからこそ、改革は進んだのだ」という巧妙な印象操作になったのだ。

孝徳朝は「蘇我蝦夷や入鹿がいなくなって活気を取り戻した改新政府」なのであり、「当然、クーデターを主導した中大兄皇子や中臣鎌足は、改新政府で活躍していたはず」と思わせるトリックでもあった。

ただし、史学界は制度史が得意だから、「本当に大化改新は『日本書紀』のいうように一気に改革を推《お》し進めることができたのか」に関して、長い間議論を重ねてきた。「本当はこの時、改革は『日本書紀』がいうほど進んでいなかったのではないか」と疑われていたのである。そこで改めて、『日本書紀』に記された大化改新について考えておきたい。

『日本書紀』大化二年（六四六）の元旦《がんたん》、四ヶ条の改新之詔が発布された。おおまかな内容は以下の通りである。

（1）子代《こしろ》・屯倉《みやけ》、臣《おみ》・連《むらじ》・伴造《とものみやつこ》・国造《くにのみやつこ》・村首《むらのおびと》の所有する部曲《かきべ》の民と豪族の田地を廃止し、大夫以上の者に食封《じきふ》（朝廷から豪族に支給される一種の給料）を、それ以下の者にも禄（布帛《ふはく》）を与える。

（2）京師《みやこ》の制度（都と地方支配の制度）を定める。国司・郡司・防人《さきもり》・駅馬《えきば》・伝馬《てんま》を置き、国境を確定する。

（3）戸籍・計帳・班田収授の法を作る。

（4）それまでの賦役《ふえき》をやめ、新たな仕組みを作る。

これらは、律令制度のもっとも難しい部分を整備した、と宣言しているような内容だ。

律令は「律＝刑法」と「令＝行政法」からなる明文化された法律による統治システムだが、法を整えることよりも難しかったのは、それまでの「私地私民」を「公地公民」に切り替えることだった。土地と民の私有を禁じ、豪族たちの既得権益を奪い、官僚組織や地方組織の中に、有力者を組み込んでいったのだ。そのうえで、各地の戸籍を作り、集めた農地を民に公平に分配し（貸し）、それぞれの土地の収穫の中から、税となる穀物を、都に届けさせ、兵役、労役を課するシステムだ。

当然、それまで広大な土地と民を所有していた豪族たちは、反発した。彼らが反動勢力となったわけで、『日本書紀』はその代表的な勢力が蘇我本宗家といっていたことになるわけである。

なぜ、改革が必要だったのか

なぜ、改革が必要だったのだろうか。

蘇我本宗家を潰した翌年、本当に大事業は完成していたのだろうか。「それは怪しい」

と史学者が考える理由は何だろうか。

まず、詔《みことのり》の内容がきれいに整いすぎていて、本当にこの段階で、ここまでシステムが完成していたのかどうか、疑わしいことだ。

しかも、のちの時代にならないと登場しない文言が、『日本書紀』の記述の中に使用されていることが、そもそも怪しい。

考古学的にも、疑問が提出されている。大化改新の段階で「郡（行政区画）」が整ったと『日本書紀』はいっているのに、時代が下《くだ》った藤原宮跡から見つかった木簡に「郡」ではなく、古い「評《こおり》」と記した文字が見つかっている。

したがって、『日本書紀』が主張するような急激な制度改革は、実現していなかったと考えられるようになった。

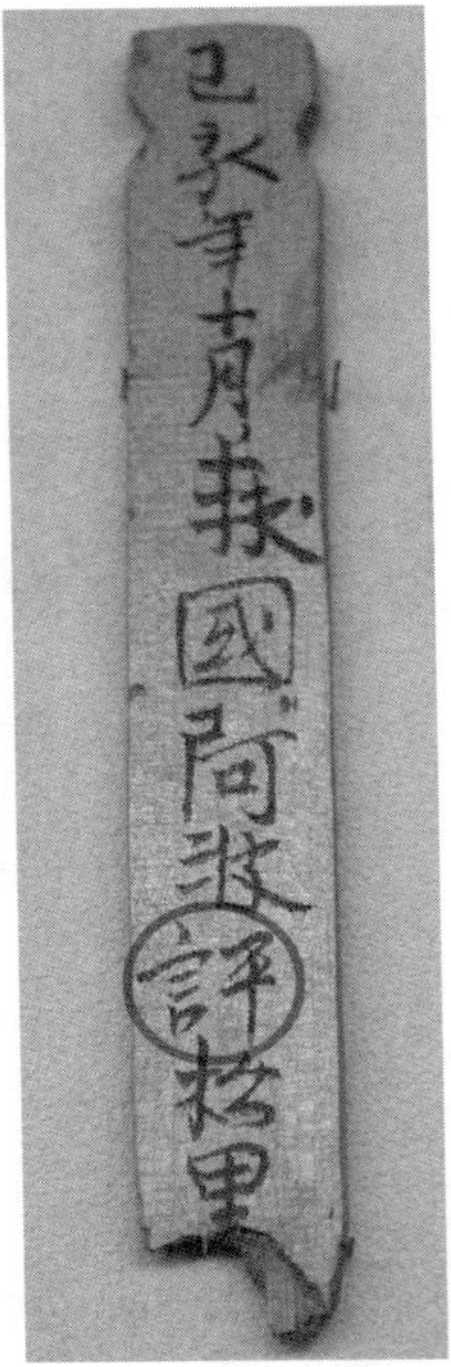

「上挟国阿波評松里」の表記が見られる藤原宮出土木簡（複製）

ただし、その一方で難波宮の発掘調査などによって、律令整備に向けた第一歩は確実に踏み出されていたことも、わかってきた。

つまり、蘇我氏全盛期からすでに改革への歩みは少しずつ確実に始まっていたと考えられるのだ。『日本書紀』は、それを蘇我氏の手柄にしたくないために、聖徳太子がしたこととして記録しているのだ。

推古十一年（六〇三）に制定された冠位十二階《かんいじゅうにかい》は、改革の基礎固めの意味合いが濃かった。「仁・礼・信・義・智」の五つの徳目を「冠名」にして、最上位に「徳」を加えて、それぞれを「大・小」に分け、十二階の冠位を用意した。冠の色を変え、階級がすぐにわかるようにもなっていた。この制度によって、硬直し世襲化されてきた身分制度から、能力しだいで出世も可能なシステムに移行していった。

また、土地の所有量によって権力を維持するそれまでの豪族たちの常識を、すこしずつ打ち破ろうとしていたのだろう。

そして、これはおそらく蘇我氏の業績だろうが、聖徳太子は憲法十七条を作っている。聖徳太子が作ったと聞くと、穏やかな内容と思われるかもしれないが、公地公民と中央集権国家を睨《にら》んだ、強い口調が目立つ。

たとえば第三条に、

「詔（天皇の命令）を受けたら、必ず慎め（従え）。君主は天で、臣下は地だ。上の行ないに下の者は靡《なび》き、詔を受けたら、従え。従わなければ、自ずから敗れるだろう」

とある。

また十二条には、

「任命され各地に派遣された国司・国造は民の支配者ではない。民を支配するのはあくまで二人といない大王（天皇）なのだ」

といっている。

もちろん、憲法十七条が、推古朝で本当に編まれたのかどうかは疑問視されているが、改革に向けた何かしらの理念がかかげられていたことは間違いない。そして、孝徳天皇がこれを継承していたのだ。

大化元年（六四五）九月条に、次の孝徳天皇の詔がある。

「いにしえより、天皇の代ごとに名代《なしろ》を置いて直轄領にしていたが、それを管理する伴造や国造らは、自身の部曲を置いて、好き勝手に使役している。土地を勝手に割いて私有し、奪い合いまで起きている。しかも土地を百姓に売り、収穫から上前《うわまえ》をはねている」

このように指摘したうえで、「これからは、このような横暴は許さない」と述べられると、民は喜んだという。

さらに、大化三年(六四七)四月の条に、「民の心は、氏族の利に固執し、他の者と対立した。氏族の帰属意識だけを大切にした」とある。豪族(氏)の論理が優先され、私利私欲によって氏族間の争いが激化し、土地と民の収奪と搾取に奔走するという事態が出来《しゅったい》していたというのだ。

もちろん、これは「蘇我氏ばかりがおいしい思いをしてきた」、「乙巳の変によって蘇我本宗家が滅び、一気に改革は進んだ」といいたいのだろうが、実態はまったく異なる。

蘇我本宗家が進めてきた改革事業を改新政府が継承したにもかかわらず、中大兄皇子と中臣鎌足の行動の真意を抹殺するために、「大きく化《ば》けた改新」が用意されたわけである。

蘇我氏が『日本書紀』のいうような大悪人ではなかったと、ようやく史学界も気づき始めている。

ただし、これまでの常識が、すっかり覆《くつがえ》されたわけではない。クーデターが成功したあと、大化改新(六四六年)は中大兄皇子や中臣鎌足の主導によって進められたと信じられている。

もちろん、『日本書紀』の記述をそのまま鵜のみにしていれば、そう思えてくるのだろう。

しかし、これはおかしい。蘇我氏が改革派というのなら、中大兄皇子と中臣鎌足は、何を目的に蘇我本宗家を潰したというのだろうか。これこそ改革潰しであり、彼らは反動勢力であった。

孝徳天皇の改新政府で、中大兄皇子と中臣鎌足は、具体的な実績を残していない。それにもかかわらず、「改革は中大兄皇子と中臣鎌足によって進められた」と信じられているのは、『日本書紀』の「印象操作」が功を奏したというほかないのである。

『日本書紀』を精査すれば、いくつもの矛盾に気づく。

まず、蘇我入鹿暗殺によって、親蘇我政権が転覆したとは思えない。確かに、皇極女帝は弟の軽皇子に譲位し、暗殺劇によって天皇は入れ替わった。ただ、即位した孝徳天皇は、蘇我系の豪族を重臣に取り立てている。孝徳天皇がブレーンとして頼った旻《みん》法師も、親蘇我派だ。反蘇我派の中大兄皇子や中臣鎌足の師・南淵請安《みなぶちしょうあん》は、蚊帳《かや》の外だった。

孝徳天皇は即位ののち難波宮への遷都に固執したが、これはすでに蘇我入鹿存命中に決まっていた可能性が高い。

蘇我入鹿暗殺事件よりも前に大量のネズミが難波に向かっていたのだが、孝徳天皇の時代になって人びとは「あれは難波遷都の前兆だったのか」と、噂しあったと『日本書紀』はいっている。

難波宮《なにわのみや》は、のちの時代の都城の原型になったが、なぜ、都城が必要だったかというと、民に土地を分配するには、きれいに碁盤の目に田畑を区画する必要があったからだ。その「基準となる物さし」が都城で、難波宮は律令制度を整えるうえでの最初の一歩だったのだ。それを、蘇我氏が計画し、孝徳天皇が実現しようとした。中大兄皇子と中臣鎌足は、その難波宮を捨てている。この例をもってしても、誰が改革を潰したのかは、明らかだ。

孝徳天皇自身が親蘇我派だった可能性は高い。たとえば、孝徳天皇に蘇我氏の血はほとんど入っていなかったが、なぜか聖徳太子や用明天皇、推古天皇たち蘇我系皇族が眠る磯長谷《しながだに》（大阪府南河内郡太子町・河南町・羽曳野市《はびきのし》）に御陵は造られている。

孝徳天皇の改新政府で、中大兄皇子と中臣鎌足は、ほとんど活躍していない。中臣鎌足は「内臣《うちつおみ》」に任命されたというが、天皇のそば近くに侍《はべ》るはずの内臣なのに、新政府発足後、孝徳天皇と一度も接触していない。

中大兄皇子の右腕であったことは確かにしても、「天皇の側近としての内臣」としての活躍は皆無だ。

それだけではない。政権の要職についていた者たちが中大兄皇子を殺そうとし（『日本書紀』には「謀反《むほん》」とある）、逆に、中大兄皇子を狙った者が次々と返り討ちに遭《あ》って死んでいくという奇怪なことが続く。

そのうちに、孝徳政権から実力者がいなくなってしまった。こうして、中大兄皇子は孝徳天皇の晩年、大勢の役人や後宮《こうきゅう》の女性たちを率いて、明日香遷都を強行してしまう。中大兄皇子と中臣鎌足は、天皇を難波宮に捨てたのだ。

『日本書紀』は中大兄皇子と中臣鎌足が改革派だったかのように記録するが、前後の記述を先入観なしに読み進めると、事実はまったく逆だったのではないかと思えてくる。中大兄皇子と中臣鎌足は反動勢力をかき集め、改新政府を潰しにかかっていたのではなかったか。中大兄皇子が難波宮を捨ててしまったその行為自体が、大きな証拠だ。それは、蘇我氏から孝徳天皇に継承された改革事業を潰すためだろう。すでに触れたように、土地と民を奪われる豪族たちの多くは、改革を望んでいなかった可能性が高く、中大兄皇子や中臣鎌足が声をかければ、ある程度の数は集まったのだろう。

孝徳天皇は最晩年、弱音を吐いて失意の中、亡くなるが、改革事業の難しさを思い知らされたのだろう。

孝徳天皇崩御ののち、中大兄皇子は母親の皇極を再び皇位につけ（斉明天皇）、実権を握ると、無謀な百済救援に邁進していくのである。

こうして、『日本書紀』編纂の目的はハッキリとしてきた。それは、改革派・蘇我氏から藤原氏が手柄を奪ったことを覆《おお》い隠すためだったのである。そして、最初についた嘘を糊塗《こと》するために、次のウソにつながり、やがて時代を遡り、ヤマト建国までウソで固めなければならなくなってしまったのだ。

藤原氏は近世に至っても朝廷を牛耳っていたから、このウソだらけの証言『日本書紀』は、そのまま日本の歴史となって通用してきた。

しかし、一方で藤原氏を恨《うら》む者たちは、『日本書紀』のウソを暴こうと、あらゆる手段を駆使して後世に伝えようとしたわけだ。

だからこそ、「『日本書紀』以外の文書」の中に、歴史の真実を探さなければならないのである。

第一章のここがポイント！

これまで『日本書紀』は、天武天皇や天皇家のために記されたと信じられてきた。しかし、実際には八世紀に実権を握った藤原氏が編纂を手がけたものであり、藤原不比等の父・中臣鎌足を顕彰するために、蘇我氏を大悪人に仕立て上げられたのである。

『日本書紀』は、藤原氏のための歴史改竄《かいざん》の文書であり、恨みをいだいた人びとは、このの ち『日本書紀』のウソを暴くために、いろいろな手段を駆使して、告発していくのだった。それが、これから示していく、多くの古代文書なのである。

第二章

『古事記《こじき》』と『先代旧事本紀《せんだいくじほんぎ》』が暴《あば》く不都合な古代史

天武天皇を礼讃する『古事記』序文

日本人は『古事記』が大好きだ。

近ごろでは、ホテルのベッドの脇《わき》に、聖書と並んで『古事記』が備えられていることがある（もしかすると、奈良県だけかもしれないが……）。神話といえば、『日本書紀』ではなく『古事記』を思い浮かべるだろう。それだけ、日本人になじみ深いのが『古事記』なのだ。

『古事記』の特徴は、筋の通った神話が描かれていることだ。しかも、牧歌的で馴染《なじ》みやすい。かたや『日本書紀』はといえば、「異伝」を網羅しており、どれが本当の神話のストーリーなのか、明確に示していない。『古事記』と『日本書紀』では、「わかりやすさ」に雲泥《うんでい》の差があるのだ。だからこそ、『古事記』は、日本人のアイデンティティを織《お》りなすと考えられるようになったのだろう。しかし、『古事記』はわれわれが想像しているような神典《しんてん》ではない。

『古事記』の中身は謎だらけだ。『古事記』序文には、和銅五年（七一二）に、その『古事記』が編まれたと記録されている。『日本書紀』よりも八年早く成立していたことになる。しかし、これも怪しい。

では、『古事記』は、どのような目的で記録されたのだろうか。もう少し序文の内容を追ってみよう。序文から察するに、この文書はかなり政治的な色彩の濃い歴史書だとわかる。

『古事記』序文は、天地開闢《かいびゃく》と天孫降臨《てんそんこうりん》、数人の天皇の治政の概略を紹介したあと、壬申《じんしん》の乱（六七二年）に言及し、『古事記』編纂の経緯を語っている。大海人皇子《おおあまのみこ》（天武）が天智天皇の崩御《ほうぎょ》（天皇の死）ののち、甥の大友皇子《おおとものみこ》を倒して玉座を手に入れた古代史最大の内乱である。

大海人皇子は潜龍《せんりゅう》のように、天子となる徳を備えておられ、好機を見逃《みのが》さなかった。夢の歌を聞いて、皇位継承を占《うらな》った。夜の川で即位することを確信された。しかれども、時いまだ至らず、南の山（吉野）に、蝉《せみ》が脱皮するように出家した。そして、多くの人が大海人皇子のもとに集まり、虎のように堂々と東国《とうごく》に進まれた。天皇の輿《こし》はまたたく間にお出ましになり、山川を越え、渡った。大海人皇子の軍勢は雷《いかずち》のように震《ふる》え、稲妻のように進軍した。矛《ほこ》を杖《つえ》つき威を示し、猛々《たけだけ》しい兵士は、土煙《つちけむり》のように湧き上がった。旗《はた》を赤くし、兵は輝かせ、悪い輩《やから》（原文に「凶徒」とある～近江朝の大友皇子らの軍勢のこと）をたちまち蹴散《けち》らした。短期間の内に、妖気は収まった。即《すなわ》ち、牛を放ち馬を休め、喜び勇んで都（ヤマト）に帰ってきた。旗をしまい戈《ほこ》を収め、歌って舞った……。

このあと、大海人皇子が即位したことを記録し、さらに次のように天武天皇の業績を礼讃する。

政《まつりごと》の道は中国古代の黄帝《こうてい》（神話的存在）よりも優《すぐ》れ、徳は周王（殷《いん》を滅ぼし周を建国した武王《ぶおう》になぞらえている）を越えていた。乾符《けんぷ》（天子の印）を握り、天下を支配し、天の正統性を獲得し、八方に秩序をもたらした。二つの気（陰陽）と五行の運行に則《のっと》り、神の道を復興して良俗を勧《すす》め、優れたる教えを国に広めた。それだけではなく、智の海は広く深く、上古《じょうこ》の事蹟を探《さぐ》った。心の鏡は透き通り、先代の事蹟を明らかにした。

そのうえで、天武天皇の命令が記録されている。

朕《ちん》は聞く。諸々の家に残される帝紀と本辞（旧辞〜口誦《くよう》された神話や説話のこと）は、すでに真実と異なるものが多く、虚偽が加えられている。今、その誤りをたださねば、いくばくもたたずに、本旨はなくなって消えてしまうだろう。これ（帝紀と本辞）すなわち、国家の土台であり、王化（天皇の政治）の基礎となる。そこで、帝紀・本辞を調べ上げ、偽りを削り、真実を定め、後の世に伝えようと思う。

この序文を信じるなら、『古事記』は天武天皇の発案で、天武天皇のために書かれた文書だったことになる。また、『古事記』が天武天皇を礼讃するのは、『古事記』編纂を命じたからということになる。

相容れない親新羅の『古事記』と親百済の『日本書紀』

天武天皇と持統天皇の夫婦は、古代史の大きな節目をつくり出している。伊勢神宮も、この夫婦の時代に今日の形につくり上げられた。天武が基礎を築き、持統が発展させた。

ただし、持統は天武を裏切り、神道の本質もねじ曲げ、太古から続く神祇祭祀《じんぎさいし》は、「新政権の創作した官制神道」にすり替えられてしまったのである。

なぜ、こんな事態が起きてしまったのか、このあと、ゆっくり説明していくことにするが、そのヒントだけでも掲《かか》げておくと、天武が「親蘇我《しんそが》派で改革派＋親新羅《しんしらぎ》」だったのに対し、持統は「反蘇我派の反動勢力で親百済《しんくだら》勢力（具体的には藤原氏）と結びついていた」のだ。そして、この「天武から持統へ」と続く政権の「ねじれ」に気づかなかったから、古代史はいまだに謎ばかりで、『古事記』の正体もつかめなかったのだが、このあたりの事情を頭の片隅に置いて、『古事記』について、考えていきたい。

大塚ひかりは『愛とまぐはひの古事記』（ちくま文庫）の中で、興味深い指摘をしている。『古事記』の作者は天皇家に悪意をいだいているのではないか、というのだ。女性の感性は鋭い。常識に縛《しば》られない切り口で、新たな発想が生まれている。筆者も『古事記』は権力者や歴史の勝者が書いた歴史書ではなく、むしろ敗者側の文書だと考える。そう思う理由をこれから説明する。

『古事記』には、多くの謎が隠されている。

『日本書紀』も『古事記』も、天武天皇の時代に編纂事業が始まり、八世紀前半に完成していたことになる。しかし、そうなると理解できないのは、同じ政権内でなぜ、二つの歴史書を必要としたのかということだ。しかも、『日本書紀』と『古事記』は、「外交政策」に関して、相容《あいい》れない立場をとる。『日本書紀』は親百済、『古事記』は親新羅なのだ。これは不可解きわまりない。百済と新羅は犬猿の仲で、この二国の対立は日本にも多大な影響を与えていたのである。

ヤマト朝廷誕生は三世紀後半から四世紀にかけてのこと。一方、朝鮮半島南部に国が登場するのは四世紀で、朝鮮半島南西部の百済、南東部の新羅、最南端の伽耶諸国《かや》（加羅《から》）に分かれていた。朝鮮半島北部には強大な騎馬民族国家・高句麗《こうくり》があって、四世紀末以降南下政策をとり続けた。そのため、百済と新羅、伽耶は時に手を組み、高句麗をはね返し、また、倭国《わこく》（日本）に救援を求め、倭国王はしばしば遠征軍を派遣して、名をあげていった。

ただ、新羅の地域はなぜか、建国以前から倭と争っていたようだ。倭人が繰り返し攻め込んできたと、『三国史記』にある。朝鮮半島南部で鉄がとれ、倭人が群がっていた。つまり、鉄の利権を巡って争っていた可能性が高いのである。

また、倭は最南端の伽耶諸国と親密な関係を保っていた。そして、伽耶から楽浪郡《らくろうぐん》や帯方郡《たうほうぐん》、さらに中国につながる航路の途中にある朝鮮半島南西部の百済とは友好関係を

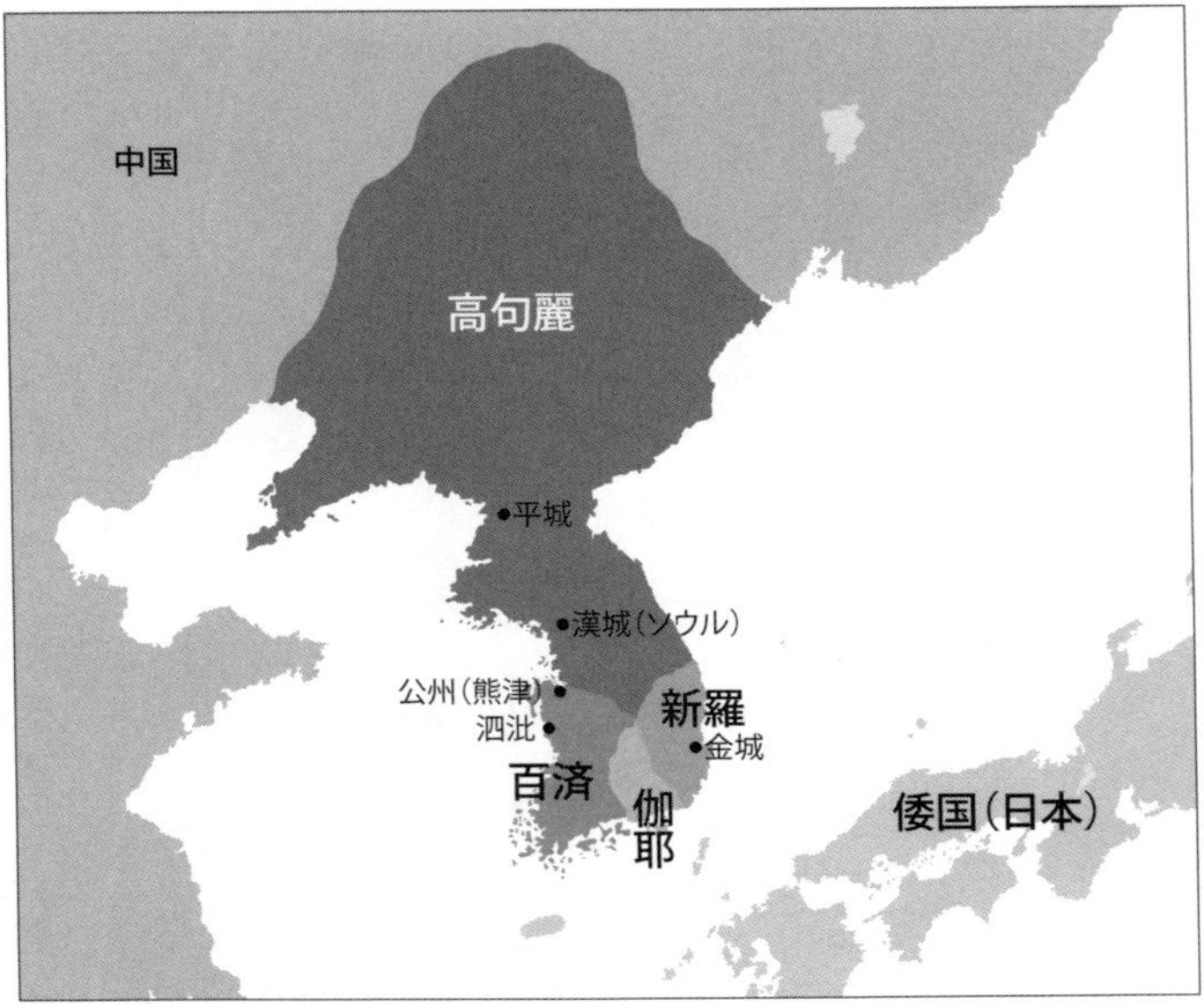

倭国と朝鮮半島の勢力図（四世紀以降）

保っていた。百済の役人に「物部」の名が見えたり、朝鮮半島南西部に前方後円墳が登場するのは、ヤマト政権と百済の強いつながりがあったからだ。

もちろん、ヤマト政権は朝鮮半島最南端・伽耶諸国の利権を守るために、百済と手を組んでいたと考えられる。ところが、六世紀になると、伽耶諸国は新羅に吸収され、滅亡する。新羅は常に百済の後塵《こうじん》を拝《はい》していたが、しだいに力をつけていたのだ。

七世紀には百済が新羅に圧迫されるようになる。頼りにしていたヤマト政権は、聖徳太子の時代（要は蘇我氏全盛期）、百済一辺倒の外交政策を見直し、全方位型外交に切り替えた気配がある。新羅とも交流を深め、仇敵《きゅうてき》だった高句麗との関係も修復している。百済にとっては悪夢であった。

このあとも、百済と新羅の隣国同士の争いは絶えなかった。新羅が唐と手を結ぶと、百済は高句麗と手を組んで対抗した。しかし、斉明六年（六六〇）、一度百済は滅亡し、復興運動が起こる。百済は日本に協力を求め、斉明天皇はこれに応じ（実際には中大兄皇子の判断だが）、遠征軍を派遣する。ただし、新羅と唐の連合軍の前に大敗北を喫した。これが白村江《はくすきのえ》の戦い（六六三年）だ。百済は完全に滅亡し、多くの遺民が日本に流れ着いた。このため、百済系渡来人は新羅を深く恨み、その流れの中で、『日本書紀』が編纂された。特に藤原政権は、新羅に対して激しい敵愾心を燃やし、遠征計画まで立ち上げていた。

このいきさつ上、日本にとっても新羅は敵のはずだ。ところが『古事記』は、新羅の肩を持つ……。ここに大きな謎が秘められていたわけである。

なぜ、『古事記』は大切な直近の歴史を無視したのか

『古事記』の謎は、まだある。なぜか、七世紀前半の推古天皇の代で筆をおいているのである。

『古事記』は三巻に分かれていて、上巻は神話、中巻は初代神武《じんむ》天皇から第十五代応神《おうじん》天皇、下巻は第十六代仁徳《にんとく》天皇から第三十三代推古《すいこ》天皇までを扱っている。ただし、具体的な歴史記述は、下巻の途中で終わってしまっている。

具体的には、第二十三代顕宗《けんぞう》天皇の時代まで歴史記事が載っていたのに、その兄の第二十四代仁賢天皇からあと、宮や御陵などの事務的な記録が残るだけなのだ。ここに大きな謎が隠されている。

このあとに続く第二十五代武烈《ぶれつ》天皇と二十六代継体《けいたい》天皇の時代は、大きな歴史の転換期だった。

『日本書紀』に従えば、武烈天皇は酒池肉林を繰り広げ、皇統は断絶して、応神天皇の五世の孫の男大迹王《おおどのおおきみ》を越《こし》（北陸）から連れてくるという事件が起きていたにもかかわらず、

『古事記』は何もいきさつに触れずに無視するのである。

ヤマト建国時の王は実権を持っていなかった可能性が高いが、しだいに力をつけていったようだ。すでに触れたように、四世紀末から五世紀にかけて、高句麗が南下政策を繰り広げ、南部の国々は倭国に救援を求めた。要請通りに送り出された軍団は豪族たちの寄せ集めだったが、倭国王は東アジアで名をあげた。倭の大王は、朝鮮半島からもたらされた文物《ぶんぶつ》と技術を豪族たちに分配することで、求心力を高めていった。

そして、五世紀後半にクーデターで即位した雄略天皇が出現し、強い王と豪族たちの葛藤が始まっていったのだ。

雄略天皇は人気がなかったと『日本書紀』はいう。「大《はなは》だ悪《あ》しくましますの天皇《すめらみこと》なり」と噂されていたらしい。数人の渡来系の役人が近侍《きんじ》するだけだったともいう。その一方で、『日本書紀』は、大伴氏がこのころから大活躍を始めたと証言している。

神話時代から続く名門豪族大伴氏だが、実際には雄略天皇の時代に勃興したと史学者たちは考える。

しかし、神武天皇が南部九州から東に向かった時、つき従ったのは大伴氏の祖であり、彼らはヤマトに王とともにやって来て、「弱い王」、「不遇の時代」をともに堪《た》え忍んできたのであり、その大伴氏が、「王に実権を」と目論み、雄略天皇を押し立てていたのではないかと思えてくる。

いずれにせよ、ヤマトの王家と大伴氏は、五世紀後半に周囲を屈服させて、権力を握ろうとしたことは間違いない。

ところが、ここから王統は混乱し、六世紀初頭に男大迹王がヤマトに連れて来られた。継体天皇の出現だ。ただし、こののちも混乱は続き、物部氏と蘇我氏は激しく対立し、用明《ようめい》二年（五八七）、物部守屋《もののべのもりや》は蘇我馬子《そがのうまこ》と朝廷軍に滅ぼされた。この戦乱は、「仏教導入をめぐる争い」と『日本書紀』はいうが、改革派と反動勢力の激突だったことは、のちに再び触れる。

問題は、大王が権力を握るのか、あるいは豪族が主導権を握ったまま離さないのか、五世紀後半から七世紀にかけて、血で血を洗う抗争を繰り広げていたことで、この間、恨み恨まれ、それこそ「われわれが正しい」、「あいつが間違っている」と、誰もが告発したくて仕方のない状況がそろっていた、ということだ。

ところが、『古事記』は、この「混沌《こんとん》と争い、恨み恨まれる時代」の歴史を、あえて書き残さなかったことになる。いったい『古事記』は、何を目的に編纂されたのだろうか。

復讐を思いとどまった顕宗天皇の時代に『古事記』の歴史記述は終わる

顕宗天皇崩御のあと、兄の意祁命《おけのみこと》が即位する（仁賢《にんけん》天皇）のだが、なぜ、この兄弟の間で『古事記』は「歴史の断絶」を用意したのだろうか。

『古事記』の歴史記述の最後は、実に印象的だ。顕宗天皇と意祁命とのやりとりだ。

顕宗天皇は、父親を殺した大長谷天皇《おおはつせのすめらみこと》（以下、雄略《ゆうりゃく》天皇）を深く恨み、その霊に復讐しようと思っていた（このあたりの複雑な事情は、のちに再び触れる）。そして、雄略天皇の御陵を壊《こわ》してしまおうと思われ、人を遣《つか》わされた。するとこの時、兄の意祁命が、

「人を遣わしてはいけません。私が行って参ります。天皇の思《おぼ》し召《め》し通り、壊して参りましょう」

と申し上げ、天皇はお許しになった。意祁命は御陵に向かい、側面の土を少し掘り、帰って来て、「すっかり掘りました」と奏上した。

あまりにも早く帰って来たので、「どのように壊したのか」と尋ねると、「少しだけ、土を採って参りました」という。天皇は不満に思われ、

「父の恨みに報いるのなら、すべて壊すべきです。どうして少しだけ掘ったのですか」

と述べられた。意祁命は、次のように仰《おお》せられた。

「雄略天皇に仕返ししようと思うのは、もっともなことです。確かに雄略天皇は父の仇ですが、父の従兄弟で天下を治められていました。それを敵討《かたきう》ちという理由だけで、天皇の墓をすべて壊してしまえば、後の世の人は必ず批難するでしょう。とはいえ、父の恨みに報いることも大切です。だから、墓のほとりを壊し、この辱《はずかし》めで、後世に示すことができるのです」

『古事記』は、顕宗天皇の崩御の記述をこのやりとりのあとに載せる。つまり、この「父の恨みを晴らすために、天皇陵の一部分を削った」という事件が、『古事記』の示す歴史の最後だったわけである。

『古事記』の編纂者がもっとも話したかったことは、これではなかったか。顕宗天皇と意祁命の兄弟は、恨みをいだいていたのだ。

そして、五世紀後半から六世紀にかけて、「強くなりたい王」と「王を強くさせたい豪族」、「既得権益を守りたい豪族」と「弱いままの王でいてほしい豪族」それぞれの思惑が交錯し、ヤマト建国以来の秩序が破壊され、大混乱に陥り、その渦中にいた何者かが「これだけは語っておきたい」と、顕宗天皇の逸話を用意したのではなかったか。

『古事記』を神典と称賛したのは江戸時代中期の国学者・本居宣長

『古事記』と聞けば、「牧歌的な神話」、「日本人のアイデンティティ」とイメージが膨《ふく》らむ。きっかけをつくったのは、江戸時代中期の国学者・本居宣長《もとおりのりなが》だ。それほど注目されていなかった『古事記』を褒《ほ》め称《たた》えたことによって、『古事記』は「日本人の魂の故郷」と考えられるようになった。

本居宣長は、『日本書紀』を漢文体で書かれている「漢意《からごころ》の惑《まどひ》」とこき下ろし、一方で『古事記』は「古語」や「歌謡」を重視し、より古い日本の文化を伝えていると考えたのだ。

中国は、国を奪ったものが聖人と称えられ、敗《やぶ》れた者を賊とみなす。これに対し日本は、人智で計《はか》ることのできない神の働きがあり、そのおかげで神の末裔《まつえい》の天皇が続いてきたと称賛している。その根本になる文書が『古事記』に他ならないとする。この本居宣長の指摘があって、『古事記』の評価は定着したのである。

しかし、よくよく考えてみると、いろいろ不可解なことがわかってくる。『古事記』はそんなに牧歌的な善意に満ちた古代人の物語とは思えない。「何かしらの目的をもって編まれた歴史書」なのである。

すでに触れたように、『日本書紀』と『古事記』が一つの政権内で編まれたとすると、「二つの相対する外交政策」という矛盾が出てくる。歴史書は、政治的な産物なのだから、この問題を明確にしない限り、『古事記』の正体を解いたことにはならない。

そもそも『古事記』は偽書《ぎしょ》だったのではないか、とする説がある。

まず、序文の謎がある。出だしは「臣安万侶言す《やっこやすまろまをす》」と、天皇に意見を奏上《そうじょう》する上表文の形で始まる。

この様式は、のちの平安時代以降に定まったものだ。また、太安万侶《おおのやすまろ》の語る物語の中に、『日本書紀』から抜き取ったと思われる部分が存在する。

本居宣長は『古事記』を礼讃したが、同時代に「『古事記』は怪しい」と疑わう者が現れていた。明和五年（一七六八）に、国学者・賀茂真淵《かものまぶち》が、本居宣長に「『古事記』偽書説」を綴《つづ》った書簡を送っている。序文の「和銅年間（七〇八〜七一五年）に『古事記』が編纂された」という話に疑念をいだいたのだ。太安万侶編纂にも首をかしげている。

本当に序文にいうように、『古事記』は八世紀初頭に編まれたのだろうか。儒学者で国学者でもあった沼田順義《ぬまたゆきよし》は、文政十三年（一八三〇）に『級長戸風《しなとのかぜ》』を記し、そこで、なぜ、『続日本紀《しょくにほんぎ》』が『古事記』撰録《せんろく》の詔《みことのり》を載せなかったのか、疑念をいだいている。『日本書紀』が『古事記』を無視していることも指摘している。

とはいっても、明治時代に至ると政治状況が一変し、天皇や神話は大いにもてはやされるようになり、『古事記』は神典の扱いを受けるようになった。『古事記』や『日本書紀』の神話が、日本人のアイデンティティを形成するために利用されていったのだ。もちろん、『古事記』偽書説は見向きもされなくなった。

時間は少し空《あ》いて、昭和四年（一九二九）、伊勢の僧侶・中沢見明《なかざわけんみょう》が『古事記論』の中で、改めて『古事記』偽書説を掲げた。和銅四年（七一一）に元明《げんめい》天皇が『古事記』撰録の詔を下《くだ》したというが、すでに天武十年（六八一）に『帝紀』を編む指示が出されていたことや、稗田阿礼《ひえだのあれい》が『日本書紀』や『続日本紀』に登場していないこと、『古事記』編纂の詔と和銅五年（七一二）に献上された事実が『続日本紀』に記録されていないことに、疑念をいだいたのだ。特に稗田阿礼の実在性を強く疑っている。

ただし、戦前戦中の「皇国史観最盛期」に、この発想は通用しなかった。学界から総スカンを食らってしまったからだ。

なかなか認められない「『古事記』偽書説」

戦後に至り、自由な発想のもと、『古事記』偽書説がいくつも提出されるようになった。たとえば筏勲《いかだいさお》は、奈良時代に『古事記』が編まれたと序文は証言しているが、その証拠はどこにもないと主張した。また、序文末尾の署名は「正五位上勲五等太朝臣安万侶」とあり、「官名」を書き漏らしている。これは上表文の体をなしていないと指摘した（『論集古事記の成立』大和書房）。

その後も『古事記』をめぐって、数々の議論が巻き起こった。しかし、大きな成果があがったとはいえない。

史学界を「思考停止」状態と批判する稀有《けう》な学者も存在する。三浦祐之《みうらすけゆき》は『古事記を読みなおす』（ちくま新書）の中で、『日本書紀』や『古事記』に対して考え方をなかなか変えない史学者は、呪縛にかけられていると指摘する。『古事記』は律令制度の由緒を描く歴史書だと信じられ、それは強固だと嘆く。むしろそれは『日本書紀』が行なっていることで、たとえば出雲神話に関していえば、『古事記』はそれ以降に起きる国譲《くにゆず》りや天孫降臨神話につながる流れの中の結節点になっているが、『日本書紀』は流れのある出雲《いずも》神話を除外し、縮小してしまった。それはなぜかというと、存在感のあった実際の出雲を山陰道の「一つの国」として配属させるために、『古事記』神話の出雲を排除しなければ、「理念としても実体としても中央集権的な律令制古代国家は完成しなかった」から、というのである(前掲書)。

ちなみに、筆者は三浦佑介の考えを全面的に支持しているわけではない。確かにヤマト建国直前の出雲には、巨大な勢力が実在していたことがわかってきているが、だからといって、『古事記』の出雲神話にいうような「日本を代表する地域」だったかというと疑わしいし、ヤマト建国直後に、なぜか出雲一帯は衰退してしまっている。むしろ『古事記』は、出雲をことさら大きく見せかけようとしている。ここに大きな謎が隠されているのだ。

さらにつけ足すなら、ヤマト建国を主導したのはタニハ(丹波《たんば》、但馬《たじま》)や近江、尾張で、これらの地域を『古事記』も『日本書紀』もごっそり無視している。ここに『日本書紀』や『古事記』の大きな謎が隠されている。出雲はむしろ「タニハや近江勢力に振り回された側」

なのだ。「なぜ、『古事記』は出雲を大々的に取り上げたのか」が、不思議なのだ。それはともかく……。

ここで問題にしたのは、「『古事記』偽書説」で、『古事記』編纂は序文がいうような八世紀初頭ではなく、時代はずいぶん下《くだ》るのではないかとする説だ。ところが、この考えはなかなか受け入れられていない。いまだに猛反発を喰らってしまう。史学者や文学者は、頑《かたく》なに考えを変えようとはしない。最大の理由は、「上代特殊仮名遣《じょうだいとくしゅかなづかい》」という証拠があるからだという。

たとえば、工藤隆《くどうたかし》は『古事記の起源』(中公新書)の中で、無文字民族だった日本人が初めて、執筆方針を定めて編纂した歴史書が『古事記』だといい、偽書説は成り立たないといっている。奈良時代前期まで残っていた上代特殊仮名遣を使い分けていて、奈良時代前期までに成立していたというのである。

古代人は日本語の音(カナ)を漢字で表わす工夫をしていた(字音仮名遣)。同じカナでも異なる漢字を使い分けている。それは平安時代にすでに忘れ去られてしまった「音韻の違い」があったからだと考えられている(平安時代に「コ」の違いだけ残されたが)。たとえば「キ」には、甲類の「岐」、「吉」、乙類の「紀」、「基」等の漢字が当てられた。

また、特殊仮名遣の中でも「モ」は重要な意味を持っていて、『日本書紀』や『万葉集』でさえ使い分けをしていないが、『古事記』は厳格に甲乙（毛と母）を守っている。だから、『古事記』がもっとも古い歴史書だったと、多くの文学者、史学者たちは断言するのである。

これに対し大和岩雄《おおわいわお》は、「モ」の使い分けは、『古事記』偽書説を否定する決定的な証拠にはならないと反論する（『古事記偽書説は成り立たないか』大和書房）。

説得力のある大和岩雄の「『古事記』偽書説」

そこで、大和岩雄の考えを、まとめておこう。

まず、大和岩雄は通説の矛盾《むじゅん》をつく。特殊仮名遣の「ト」の用法は、『日本書紀』では使われないが、『日本書紀』よりあとに編纂された『万葉集』には残っている。この現象について国学者は、次のように考える。当時一流の知識人だった人びとが編纂した『万葉集』には古い言葉に対する知識が豊富で、古語になっていた「ト」の使い分けをしたという。

大和岩雄は、この図式がそのまま『古事記』にあてはまるといい、「モ」の例をもって『古事記』偽書説を根本から否定するわけにはいかない、とする。そして、『古事記』編者が「モ」にこだわったのは、序文の中で「『風土記』は和銅五年」に編纂されたと嘘をついたために、『古事記』を古く見せかけようと、あえて古い特殊仮名遣を使って見せたとする。

問題は、誰が何を目的に『古事記』を編んだのかということだ。それは多氏《おおし》で、自家の正しい系譜を残したかったからだというのだ。

多氏は初代神武天皇の皇子・神八井耳命《かむやいみみのみこと》の末裔で、同族に少子部連《ちいさこべのむらじ》、坂合部連《さかごうべのむらじ》、火君《ひのきみ》、大分君《おおきだのきみ》、阿蘇君《あそのきみ》らがいる。『古事記』にかかわり深い太安万侶も、多氏である。

多氏のカバネは最初「臣」で、天武天皇の時代に「朝臣《あそみ》」、平安時代に「宿禰《すくね》」となった。平安時代になると、主に宮廷の雅楽にかかわっていく。歌舞音曲、歌謡、言語に精通していて、『日本書紀』の訓詁《くんこ》（意義解釈）を講筵《こうえん》（講義・研究）するようになった。多氏は『新撰姓氏録《しんせんしょうじろく》』が『日本書紀』を参照していることに不満を持っていて、それをただすために、すでに古くから複数存在していた「古事記」に手を加えて、われわれが今日知る『古事記』を完成させたのではないかといい、おおよそ次のように主張している。

『古事記』偽書説のさまざまな論点

『古事記』偽書説とは…
『古事記』が『日本書紀』よりも後世に書かれたものであるとする説。

いままでは…

- **古事記▶**和銅5年(712)太安万侶によって編纂された。
- **日本書紀▶**養老4年(720)舎人親王らによって編纂された。

⇒『古事記』の編纂のほうが、『日本書紀』より8年古いとされてきた!

しかし…

『古事記』は『日本書紀』よりあとに編纂された?

［根拠］8年後に編纂された(?)『日本書紀』に『古事記』からの引用が全くない。

［根拠］古事記が編纂された時代の出来事を記録している歴史書『続日本紀』の中に『古事記』についての記述がない。

［根拠］太安万侶《おおのやすまろ》の墓が昭和になって発見されて、偽書説は否定されたが、太安万侶が実在したからといって、『古事記』の序文の内容が正しいとは限らない。

［根拠］平安初期に書かれたとされる『琴歌譜』に記述される「一《ある》古事記」の内容が、現存する『古事記』の内容と異なる。

［根拠］『古事記』の序文に書かれた内容と『日本書紀』の壬申の乱を含む「天武紀」の内容に齟齬《そご》がある。

［根拠］稗田阿礼《ひえだのあれい》と太安万侶の二人の実存が疑わしい。

…など。

結論としては…

『古事記』の編纂のほうが『日本書紀』より古いという考え方が一般的だが、この常識は疑ってかかる必要がある。

（1）『古事記』は弘仁年間（八一〇～八二四年）に多氏によって成立した。編纂人は多人長《おおのひとなが》がふさわしい。

（2）『日本書紀』講筵を任された多人長は、当時の『日本書紀』研究の第一人者。

（3）多人長は言語学者と呼ぶにふさわしい。

（4）『古事記』の歌物語的性格は、多氏の職掌が大歌師《おおうたし》だったことにかかわりがある。

それだけではない。『古事記』が『日本書紀』や『万葉集』よりもあとに記された証拠があるという。万葉仮名は一つの音を一つの漢字で表わすことが多いが、例外がある。たとえば、『万葉集』は、「山」を「や（夜）」と「ま（麻）」の二文字で表わすが、編纂時期が古い巻一、巻二、巻三の場合、「山」は「夜麻」ではなく「山」と表記されている。これに対し、『古事記』は普通の文面では「山」、歌謡表記には「夜麻」と、使い分けがなされている。ところが、『日本書紀』は歌謡表記にも「夜麻」を用いていない。他の文書は、平安時代に「夜麻」に統一される。したがって、これらの文書の編纂の順番は、これまで考えられていたような『古事記』→『日本書紀』→『万葉集』ではなく、『日本書紀』→『万葉集』→『古事記』だったと指摘している。

それだけではない。平安初期に成立した宮廷歌曲の譜本『琴歌譜《きんかふ》』に、「一古事記《あるふることぶみ》」、「日本古事記」が登場している。これは何かというと、『古事記』は固有名詞ではなく、もともといくつもあった文書の呼び名だったこと、『琴歌譜』に深くかかわった多氏が、その中の古い『古事記』にさらに手を加えて、『古事記』は完成したのではないかと推理したのである。

この考えが『古事記』偽書説の最先端を走っているいると思うし、説得力があり、魅力的だ。筆者もこの考えを支持する。

なぜ、『古事記』は顕宗天皇の段で歴史記述を終えてしまったのか

そこで問題にしておきたいのは、なぜ、『古事記』は顕宗《けんぞう》天皇の段で歴史記述をやめてしまったのか、である。どうやら新羅系渡来人集団「秦氏《はたし》」が、大きくかかわっていたようなのだ。秦氏は顕宗天皇の物語で『古事記』を終えることで、一つの事実を訴えようとしていたと思われる。

秦氏は歌舞音曲を通じて多氏と強く結ばれ、彼らの主張も『古事記』は代弁していたようなのだ。もちろん、多氏も秦氏とは同じ利害で強くつながっていた可能性が高い。

秦氏と『古事記』をつなぐ意外な接点がある。『古事記』には『日本書紀』になかった「大年神《おおとしのかみ》」の系譜が載る。これは秦氏が祀《まつ》る神なのだ。

また、顕宗天皇と秦氏をつなぐ接点がある。それは播磨国《はりま》（兵庫県）だ。

ここで、話は一転する。意富祁命《おおけのみこと》（弟の顕宗天皇のあとに即位する仁賢《にんけん》天皇で、この天皇からあとの王家の業績を『古事記』は伝えていない）と意祁命《おけのみこと》（顕宗天皇）の兄弟と播磨国と秦氏のつながりについて、考えておかなければならない。

事情が複雑なのだが、なるべく短く説明をしておこう。

雄略天皇はクーデターを起こして玉座を獲得していたが、この時、意富祁命と意祁命の父親を殺している。そこで兄弟は難を逃《のが》れるために、播磨国（兵庫県）に逃れ、馬飼い、牛飼いの牧童となって身を潜《ひそ》めた。雄略天皇崩御ののち、雄略天皇の子が即位して清寧《せいねい》天皇となった。するとひょんなことから、兄弟は見つかった。清寧天皇に子はなかったため、跡継ぎとしてヤマトに迎え入れられたのだ。その後、弟の意祁命が即位した時、雄略天皇の御陵を破壊しようとした話は、すでにしてある。

問題は、播磨国が新羅系渡来人と強く結ばれていたことだ。兄弟がここに逃げ込んだのは、新羅系の秦氏に導かれたからではなかったか。『播磨国風土記』には、第十一代垂仁天皇の時代（実在の初代王は第十代崇神天皇とされているので、ヤマトの黎明期《れいめいき》）に来日した新羅王子・アメノヒボコ（天日槍、天之日矛）がこの地にやって来て、出雲神との間に土地の奪い合いを演じていたことが記されている。また、『播磨国風土記』にはアメノヒボコだけではなく、神功《じんぐう》皇后伝説も数多く記録されているが、神功皇后はアメノヒボコの足跡をなぞっていて、この女傑の子の応神天皇は、新羅系渡来人の末裔が祀った八幡神に習合している。アメノヒボコの縁者はみな、新羅や播磨とつながる。

播磨国は、新羅系の秦氏の集住地帯で、ここに「雄略天皇に追われた兄弟は播磨の新羅系を頼った」という図式が浮かび上がってくる。播磨に来る前、彼らは山背《やましろ》（京都府南部）に逃げ入るが、そこもまた、秦氏の拠点だったのだ。

ここで強調しておきたいのは、「秦氏や秦氏に守られた者は改革潰し」でつながっている、ということだ。強い王を目指した雄略天皇の出現とともに兄弟はヤマトを追われたが、七世紀にもう一人、反動勢力となった秦系の人物が播磨国に逃れていた。ここに、なぜ、『古事記』が顕宗天皇の代に歴史記述を終えたのか、の答えを導くヒントが隠されているのだ。

『古事記』は呪いの込められた恐ろしい文書

無視できないのは、七世紀の秦河勝《はたのかわかつ》の話だ。

播磨の大避《おおさけ》神社（兵庫県赤穂《あこう》市坂越）周辺で、秦河勝伝承が残されている。秦河勝は聖徳太子に寵愛された人物として知られている。

神社周辺の伝承をまとめると、次のようになる。皇極三年（六四四、あるいは前年と伝わる）に秦河勝は「蘇我入鹿の乱」を避けて、この地に逃れてきた。その後、亡くなり、墓は大避神社正面に位置する生島《いくしま》に造られたという。

「蘇我入鹿の乱」とは、何だろうか。一般には、上宮王家滅亡事件を指していると考えられている。『日本書紀』の中で山背大兄王は、「山背の地に逃げて兵を挙げれば勝てる」と進言されていたが、それは「秦氏を頼れ」という意味だろう。しかし、筆者は「山背大兄王は架空の存在」と考えるから、「蘇我入鹿の乱」は蘇我入鹿暗殺と考える。つまり、秦河勝は蘇我入鹿殺しの実行犯で、だからこそ事件のあと、播磨に逃れ、親蘇我派の孝徳政権下の都に帰ることができず、播磨で亡くなったのだと思う（拙著『伏見稲荷の暗号　秦氏の謎』講談社)。

秦河勝には、蘇我入鹿暗殺の動機が備わっていたと思う。

秦氏は渡来系だったから、役人としての出世はできなかったが、各地に展開し、高い技術力を駆使して治水《ちすい》と灌漑《かんがい》を手がけ、土地を開墾《かいこん》し、ネットワークを張りめぐらせ、財を蓄《たくわ》え、強い影響力を保持していた。だから、政権側も秦氏を重視していた。しかし、律令制度を導入する段階に至り、両者の関係は急速に冷めていったのではなかったか。秦氏にとって、せっかく開墾した土地を国に奪われることは、死活問題につながったからだ。それに、秦氏はもっとも早く日本に渡って来た人たちだったから、しだいに技術が陳腐化していて、東漢氏《やまとのあやうじ》ら「今来《いまき》(新しくやって来た)の渡来人」に押され気味だった。蘇我氏が東漢氏と緊密に連携していたことも、秦氏には許せなかったのだろう。だから、中大兄皇子や中臣鎌足の計画した蘇我入鹿殺しに乗ったのだろう。暗殺はうまくいったが、クーデターそのものは成功しなかったから、秦河勝は播磨に逃れ、亡くなった……。

雄略天皇の出現は「強い王家」への第一歩で、ここで反発した皇族が敗れて、秦氏を頼り、播磨に逃れた。すでにこのころから、「守旧派の秦氏」という体質ができつつあったからだろう。そして、「守旧派と改革派の争い」は、何度も流転を繰り返し、七世紀の蘇が入鹿暗殺に至ったのである。

問題は秦氏の悲劇だ。

秦氏は蘇我入鹿殺しの功労者だから、藤原政権下で厚遇されたかというと、それはかなわなかった。藤原氏は「親百済派」（その理由はのちに述べる）で、新羅を敵視していたから、新羅系の秦氏は冷遇されたのだった。そして、時代は下り、平安京遷都の段階で、一度秦氏は飛躍のチャンスを得た（何しろ、都が秦氏の地盤・山背の長岡京や平安京に移るからだ）が、藤原氏の陰謀によって、大きなダメージを受けてしまう。結局、秦氏は利用されて、捨てられたのである。秦氏は藤原氏を恨み、呪っただろう。

そして、藤原氏のために書かれた『日本書紀』のウソ八百を暴露するためにも、何かしらの文書を残そうと考えたに違いない。それが多氏とともにつくり上げた『古事記』であり、推古天皇の代で記述を終えたということ、そして、実質的な歴史記述を顕宗天皇の時代に終えたということ、この二点で「黙ることで真相を訴える」という手管《てくだ》を用いたのではなかったか。語ってはいけない歴史がここに隠されているという暗示であり、沈黙の中に呪いが込められているように思えてならない。

『古事記』は、恐ろしい文書なのである。

物部系の『先代旧事本紀』の謎

次は、『先代旧事本紀《せんだいくじほんぎ》』だ。

この文書は、古代最大の豪族・物部氏がかかわったと考えられている。平安時代、日本最古の史書と称えられていたこともあったが、中世に至ると、今度は神道書として尊重されるようになった。ところが、江戸時代に国学が盛んになると、偽書扱いを受け、それまでは見向きもされなかった『古事記』が尊重されるようになるという、数奇な運命を辿《たど》った歴史書でもある。

『日本書紀』によれば、神武東征時、物部氏の祖・ニギハヤヒ（饒速日命《にぎはやひのみこと》）はすでに天《あまの》磐船《いわふね》に乗ってヤマトに舞い下り、先住の長髄彦《ながすねびこ》の妹を娶《めと》り、君臨していたとある。神武がヤマト入りを果たすと、抵抗する長髄彦を殺し、恭順したともいう。これはいわば、『日本書紀』も「物部氏の祖が最初のヤマトの王だった」ことを認めていることになる。だから、『先代旧事本紀』を無視することはできない。

『先代旧事本紀』は、全十巻からなり、天地開闢《かいびゃく》から推古天皇の治政までを描いている。

巻一『陰陽本紀』は国生み神話、巻二『神祇本紀』は天照大神とスサノヲの高天原の神話、巻三『天神本紀』はニギハヤヒが大和に降臨した話、巻四『地祇本紀』は、スサノヲの話と大己貴命《おおなむちのみこと》（大国主命《おおくにぬしのみこと》）の系譜、巻五『天孫本紀』は、饒速日命以下の物部氏の系譜と歴史、巻六『皇孫本紀』は瓊瓊杵尊《ににぎのみこと》の天孫降臨と日向三代の神話、巻七の『天皇本紀』、巻八『神皇本紀』、巻九『帝皇本紀』は、神武天皇から推古天皇までの歴代天皇の来歴を、巻十『国造本紀』は、律令整備以前の国造《くにのみやつこ》の人事にまつわる記述だ。

ほとんどが『日本書紀』や『古事記』などからの引用によって形成されているが、巻三、五、十が物部氏や尾張氏、国造にまつわる独自の伝承として、価値がある。

また、『先代旧事本紀』は、『古事記』と同じように序文から始まる。「大臣蘇我馬子宿禰《すくね》等が勅《みことのり》を奉りて、修《をさ》め撰《えら》びまつる」とある。『先代旧事本紀』は推古天皇の時代に編纂が始まり、聖徳太子が亡くなった時点で完成していなかったとある。しかし、この序文の内容は事実ではない。

『先代旧事本紀』巻十の『国造本紀』には、「加我国造《かがのくにのみやつこ》」の話の中で、「嵯峨朝《さがちょう》（嵯峨天皇）」の時代の弘仁《こうにん》十四年（八二三）に越前国を割いて、分かれて「加賀国」にしたとある。

このため、『先代旧事本紀』の完成はこの時代よりもあとということになる。下限は延喜四年（九〇四）から延喜六年（九〇六）の間だ（異説がある。ただしそれでも、九世紀初頭から十世紀初頭の間に収まる）。

『先代旧事本紀』は、歴代天皇の治世を三巻で語っているが、『古事記』と異なるのは、区切るタイミングだ。第七巻が神武天皇から神功皇后、第八巻が応神天皇から武烈天皇、第九巻が継体天皇から推古天皇となっている。

これが、水野祐《みずのゆう》の「三王朝交替説」に酷似しているという指摘があり、無視できない問題をかかえていると思う。

通説は初代神武天皇と第十代崇神天皇を同一人物とみなすが、筆者は神武と崇神は同時代人で、神武は第十五代応神天皇と同一とみる。

『日本書紀』は、ヤマト建国の歴史を改竄するために、一つの時代を三つに分解してしまったという推理だ。

その理由は簡単なことで、藤原氏の政敵・蘇我氏が、ヤマト建国に大いにかかわり、しかも王家に蘇我系の血が濃厚に入っていたからだ。正統な一族だった蘇我氏の正体を抹殺するために、『日本書紀』は、歴史をバラバラにしてしまったのだ（拙著『なぜ「日本書紀」は古代史を偽装したのか』実業之日本社じっぴコンパクト新書）。

それだけではない。平城京遷都（七一〇年）に際し、藤原氏は物部氏を潰しにかかったが、やはり藤原氏にとって、物部氏の歴史も、本当は残したくなかった。だから、『日本書紀』は物部氏の祖の出自と正体を明らかにしていない。『先代旧事本紀』は、このような『日本書紀』の裏側を示すために、編纂されたのだろう。

否定された『先代旧事本紀』の序文

『先代旧事本紀』の文章の多くは『日本書紀』からの引用だ。しかし、平安時代から中世にかけて、「聖徳太子が撰《えら》んだ」という『先代旧事本紀』の序文は疑われることはなかったから、『日本書紀』のほうが、あとから記されたと考えられていた。つまり、長い間、『先代旧事本紀』の記述を『日本書紀』が引用したと考えられていたのだ。また、鎌倉時代から あと、伊勢の度会《わたらい》氏や吉田神道《よしだしんとう》の卜部《うらべ》氏らによって神道書、根本経典として重宝されたものだ。

『先代旧事本紀』に対する考えが改められたのは、江戸時代に入ってからのことだ。国学が盛んになり、精密な検証が進み、『先代旧事本紀』は他の古代文書から多くを引用していることがわかってきた。

水戸光圀《みとみつくに》は、『先代旧事本紀』が歴代天皇を「漢風諡号《かんふうしごう》」で呼んでいることを問題視した。「神武」、「応神」、「推古」などの名は、奈良時代（光仁・桓武朝）に淡海三船《おうみのみふね》によって考え出されたもので、聖徳太子の時代にあるわけがなかった。水戸学は『先代旧事本紀』の資料価値を全否定したわけではないが、成立年代が序文の言い分よりもずっと下ることはハッキリしたのだ。

ただし、その後、「江戸時代に芽生《めば》え始めた合理主義」が『先代旧事本紀』偽書説を掲げていくようになった。多田義俊《ただよしとし》、伊勢貞丈《いせさだたけ》、山片蟠桃《やまがたばんとう》らが、『先代旧事本紀』の矛盾点を具体的に挙げていった。無理のある推理も中にはあったが、おおむね、的を射《い》ていた。この段階で『先代旧事本紀』の序文は否定され、序文がいうような古い段階で記された文書ではないことが確実視されるようになったのだ。

そんな中、本居宣長は、『古事記伝』で『先代旧事本紀』について、「後世の偽作であろうとも、無視することはできない」と指摘している。

『先代旧事本紀』の多くの記述は『日本書紀』、『古事記』や『古語拾遺《こごしゅうい》』などの古代文書などから引用し、パッチワークのようにして全体を組み立てている。だから、文体に統一感がなく粗雑だ。ただ、他の文書と異なる点は、物部氏や尾張氏の記述が多く、独自なこと、また、『国造本紀』は「国造」にまつわる大量の情報が織り込まれていて、すべてを信用するわけにはいかないにしても、『先代旧事本紀』だけにしかない貴重な情報となっている。何かしらの古書が残っていて、それを採録したのだろう……。この本居宣長の考えが、『先代旧事本紀』に対する江戸時代の研究成果といっても過言ではない。

『先代旧事本紀』は石上麻呂の悔し涙を忘れていない

物部系の誰かが、『先代旧事本紀』を記したのだろうか。

たとえば、『日本書紀』には描かれていなかったニギハヤヒの出自が、ハッキリと書かれている。正式な名は「天照国照彦天火明櫛玉饒速日尊《あまてるくにてるひこあめのほあかりくしたまにぎはやひのみこと》」で、天火明命など別名がいくつか掲げられている。

また、天照大日孁貴尊《あまてらすおおひるめむちのみこと》（『日本書紀』にいう大日孁貴と天照大神を重ねている）の太子・

正哉吾勝勝速日天忍穂耳尊《まさかあかつかちはやひあめのおしほみみのみこと》と高皇産霊尊《たかむすびのみこと》の娘・豊秋津師姫栲幡千々姫命《とよあきつしひめたくはたちぢひめのみこと》の間に生まれたとある。

これを信じれば、ニギハヤヒは天孫降臨を果たす天皇家の祖・天津彦彦火瓊瓊杵尊《あまつひこひこほのににぎのみこと》（天津彦国光彦火瓊瓊杵尊）と兄弟ということになる。

もちろん、『日本書紀』はニギハヤヒの出自に関して、黙秘を貫《つらぬ》いている。「ニギハヤヒは天孫族だった」とはいっているが……。

ただし、『先代旧事本紀』が述べるように王家と物部氏の祖が、本当に血縁関係にあったのかどうかについては、大いに疑問が残る。また、黎明期のヤマト政権の中心に立っていたのが物部氏で、王家と姻戚関係を結んでいたことは間違いないと思われる。

『日本書紀』は神武東征の場面で長髄彦を殺したのはニギハヤヒだったといっているが、『先代旧事本紀』は、早い時期にニギハヤヒは亡くなり、神武天皇に恭順したのはニギハヤヒの子の宇摩志麻治命《うましまじのみこと》だと記録している。どちらが正しいのか、はっきりとわからない。

『先代旧事本紀』十巻のうち巻五『天孫本紀』は、物部氏のための一巻だ。ニギハヤヒ、宇摩志麻治命から十七世孫物部連公麻侶《もののべむらじきみまろ》へつながる物部氏の来歴が、克明に描かれている。その中で、物部氏が大嘗祭《だいじょうさい》など、天皇家の重要な祭祀に深く携《たずさ》わるようになったきっかけが記されている。

もちろん、物部氏のように天皇の祭祀にかかわることは、他の豪族にはありえなかったことで、その由緒を、『先代旧事本紀』は、神武天皇と宇摩志麻治命にまつわる話の中で記録している。あらすじは、以下の通りである。

神武が即位した年、宇摩志麻治命は父・ニギハヤヒが天神からもらい受けた天璽瑞宝《あまつしるしのみずのたから》を神武に奉献し、天皇のために鎮《しず》め祀った。だから、神武は宇摩志麻治命を寵愛し、足尼《すくね》と名づけた。神武二年には、論功行賞が行なわれ、宇摩志麻治命が褒められ、また、宇摩志麻治命は大神君《おおみわのきみ》の祖・天日方奇日方命《あめのひかたくしひがたのみこと》とともに「食国《おすくに》の政《まつりごと》を申《まを》す大夫《まへつぎみ》と為《な》る」とあり、これはのちの時代の大連と大臣に相当するといっている。ここに登場する大神氏は、三輪山の祭神・出雲の大物主神の末裔で、大神《おおみわ》神社を祀ってきた名門豪族だ。物部氏は、ヤマト建国時から、大神氏とともに、政治の中枢に立っていたと『先代旧事本紀』は主張しているのだ。

そして、巻五最後は物部連公麻侶で締めくくられている。この人物は石上《いそのかみ》（物部）麻呂《のまろ》のことだ。

◎天皇系図（神代一）

＝＝＝ は婚姻関係

●内の数字は皇位継承順位

天照大神《あまてらすおおみかみ》

天忍穂耳命《あめのおしほみみのみこと》 ＝ 栲幡千千姫命《たくはたちぢひめのみこと》

天火明命《あめのほあかりのみこと》

瓊瓊杵尊《ににぎのみこと》 ＝ 木花咲耶姫《このはなのさくやびめ》

火須勢理命《ほすせりのみこと》

火遠理命《ほおりのみこと》 ＝ 豊玉毘売命《とよたまびめのみこと》

鵜草葺不合命《うがやふきあえずのみこと》 ＝ 玉依毘売命《たまよりびめのみこと》

❶神武天皇《じんむ》 ＝ 姫蹈鞴五十鈴姫命《ひめたたらいすずひめのみこと》

手研耳命《たぎしみみのみこと》

岐須美美命《きすみみのみこと》

日子八井命《ひこやいのみこと》

神八井耳命《かむやいみみのみこと》

❷綏靖天皇《すいぜい》 ＝ 五十鈴依媛命《いすずよりひめのみこと》

……

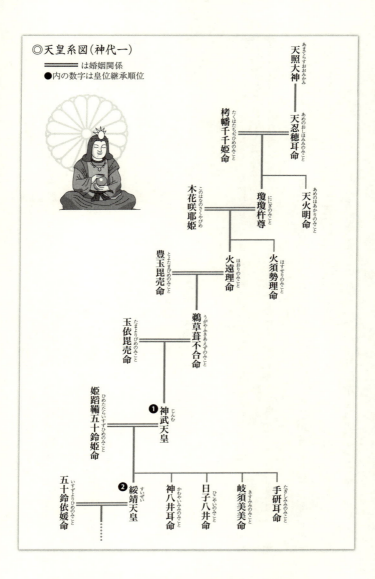

これもすでに触れたが、藤原不比等にはめられ、左大臣なのに旧都（新益京《あらましきょう》）に捨てられ、藤原氏の時代の到来を許してしまったのが石上麻呂だ。物部氏の時代は石上麻呂で幕を閉じた。

『先代旧事本紀』の天皇家にまつわる歴史記述は『古事記』と同じように推古天皇の時代で終わっていたのに、物部氏の歴史に関して、石上麻呂の時代まで語った意味は、決して小さくない。

石上麻呂が悔し涙を流した時、名門豪族物部氏も、過去の人になったのであり、物部氏の末裔は、そのときの怒り、藤原氏に対する恨みを、忘れることはなかったのだろう。

出雲を潰したのは物部氏

物部氏は歴史愛好家の間で、すこぶる人気が高い。火つけ役は、昭和五十一年（一九七六）に発刊された『古代日本正史』（同志社）だと思う。

この中で原田常治は、かつて見向きもされなかった神社伝承を重視し、各地の神社の祭神をつなぎ合わせて、出雲の大物主神と物部氏の祖のニギハヤヒ（天照国照彦天火明櫛玉饒速日尊）を同一と推理してみせたのだ。

神社伝承をまったく無視することはできない。しかし、大物主神《おおものぬしのかみ》とニギハヤヒを結びつける考えを支持することはできない。

確かに、大物主神と天照国照彦天火明櫛玉饒速日尊の名が似ている例もあるが、そっくりで完ぺきに重なっているわけではない。地方の神社の大物主神の名に「櫛甕玉《くしみかたま》」が加えられ（大物主櫛甕玉命）、ニギハヤヒの名には「櫛玉」が入っているという理由だけで、両者を同一視することはできない。

たとえば、『日本書紀』を読む限り、「物部氏と出雲」はつながらない。むしろ、物部氏の祖や物部系の人物が、盛んに出雲を攻撃している。両者は敵対していた可能性が高い。

神社伝承からも、物部氏と出雲の「仲の悪い様子」が見てとれる。出雲国と西側の石見《いわみ》国の国境間近（石見国側）に、物部神社が鎮座し、次の伝承が残される。

神武東征時の功績を認められた宇摩志麻治命は、霊剣・韴御霊《ふつのみたま》を下賜《かし》され、天皇のために鎮魂の祭祀を執《と》り行ない、これが鎮魂祭の起源になった。ヤマト建国後、宇摩志麻治命は尾張氏の祖・天香具《あまのかぐ》（語《ご》）山命《やまのみこと》とともに、尾張、美濃、越国を平定し、天香具山命は越後の伊夜彦《いやひこ》神社（新潟県西蒲原郡の弥彦《やひこ》神社）に留《とど》まった。かたや宇摩志麻治命は播磨、丹波を経て石見に入り、鶴に乗って鶴降山《つるぶせん》に舞い下り、国見をした（地域の支配権を確定した）。さらに、物部神社の裏手の八百山《やおやま》がヤマトの天香具山に似ていたので、ここに留まったという。

ヤマトで褒め称えられた宇摩志麻治命が、なぜ石見にやってきたのだろうか。物部神社の伝承によれば、宇摩志麻治命は出雲を監視していたという。だから、いまだに石見と出雲は仲が悪いらしい。両地域は同じ島根県なのに、言葉も文化も異なる。

『日本書紀』の出雲の国譲りで活躍する神は経津主神《ふつぬしのかみ》と武甕槌神《たけみかずちのかみ》だが、経津主神は宇摩志麻治命が神武天皇から「韴霊」をもらい受けているように物部系で、かたや武甕槌神は「尾張系ではないか」と疑われている。物部と尾張のコンビが、出雲にさし向けられたという神話と物部神社の伝承は、ここで重なってくる。歴史時代に入っても、出雲にさし向けられる軍団は物部系と尾張系だった。

物部氏は原田常治《はらだつねじ》が指摘したような出雲系ではなく、むしろ出雲を潰しに行った人びとだったのである。

物部氏が『先代旧事本紀』に残しておきたかったこと

纒向《まきむく》遺跡（奈良県桜井市）の発掘が進み、ヤマト建国の地がここだったこと、三世紀に各地から人々が集まり、埋葬文化を持ち寄って、化学反応を起こし、前方後円墳が完成していたことがわかってきた。

さらに、各地の首長がヤマトで生まれた新たな埋葬文化を受け入れ、ゆるやかな連合体が生まれたことも明らかになってきた。三世紀後半から四世紀にかけてのことだ。またこの時、出雲がヤマト建国に携わっていたこと、その直後、なぜか一気に没落していたことも証明されている。この話、『日本書紀』の神話や物部氏の伝承と重なって見えてくるのである。

とすれば、物部氏は何者か、という話になる。そして、なぜ、物部氏は『先代旧事本紀』を書く必要があったのか。

ヤマト建国後六世紀末に至るまで、前方後円墳が造られ続け、これを古墳時代と呼んでいるが、神武東征とともに物部氏が政権の中枢で活躍し、古墳時代の終焉《しゅうえん》とともに、一度没落している。それが、物部守屋と蘇我馬子の仏教導入をめぐる争いで、用明二年（五八七）七月に、蘇我馬子率いる朝廷軍の前に、物部守屋は滅んだ。そして、蘇我氏が主導権を握ると、前方後円墳が消えていった。前方後円墳体制とは、要するに「物部体制」を意味していたのではなかったか。

物部氏は大阪府八尾市付近に拠点を構え、物部守屋はここで滅亡するが、三世紀のこの一帯から、吉備系土器がみつかっている。これは大きな意味を持っていて、前方後円墳の原型は吉備（岡山県と広島県東部）で生まれ、墳丘上に並べられる特殊器台形土器は、吉備から持ち込まれたものだ。この様子から見て、ヤマト建国の主導権を握っていたのは吉備と目されているのだが、その吉備の土器が物部氏の拠点から見つかっているのだから、物部氏の祖・ニギハヤヒは吉備からやってきたのではないかと、筆者は疑っている。

吉備の地は大いに栄え、五世紀前半には、ヤマトの王家と同等の巨大な前方後円墳を造っていたほどだ。

おそらく物部氏には、ヤマト建国の中心勢力として、王家を支えてきたという自負があったのだろう。そして、八世紀初頭に新興勢力の藤原氏によって、卑怯な手口で追い落とされた。その屈辱と恨み、さらには物部氏の栄光の日々を、『先代旧事本紀』の中に埋め込んだとしても、なんら不思議ではない。

だからこそ、『日本書紀』が語らなかった宇摩志麻治命の活躍を明確にし、王家の祭祀に深く潜り込んだ理由を書き残したかったのだろう。ニギハヤヒや宇摩志麻治命こそ、ヤマトの政治と信仰の基礎を築いた人たちだった。物部系の石上神宮（奈良県天理市）に伝わる祝詞《のりと》「一二三四五六七八九十布瑠部由良由良止布瑠部《ひとふたみよいつむななやここのとたりふるべゆらゆらとふるべ》」は、天皇家も重視していたのである。

そして、『先代旧事本紀』はもう一つ、大切なことを書き残している。それは、「物部氏と蘇我氏の本当の関係」である。

なぜ、『先代旧事本紀』は蘇我氏を糾弾しないのか

物部氏と蘇我氏といえば、犬猿の仲だったと信じられている。『日本書紀』に、六世紀の両者のいがみ合いが克明に描かれているからだ。ところが、『先代旧事本紀』は、蘇我氏を批難していない。また、古代史最大の悪人・蘇我入鹿が「物部系」だったことを隠そ

うともしない。むしろ、誇らしげに系譜を提示している。さらに、物部守屋を「物部氏の傍流だった」といい、蘇我馬子との争いを無視して記録していない。これは、被害者側の証言だけに大きな意味を持っている。物部氏は蘇我氏を恨んでいなかった可能性が出てくる。そして、『日本書紀』が何か嘘をついているのではないかと思えてくる。

『先代旧事本紀』は、推古天皇の時代、物部贄古《もののべのにえこ》の娘で物部守屋の腹違いの妹・物部鎌姫《もののべのかまひめ》大刀自連公《おおとじのむらじきみ》が「参政《まつりごとあずかり》」となって神宮を斎《いつ》き祀ったこと、この女人が宗我嶋大臣《そがのしまのおおおみ》（蘇我馬子）の妻となり、豊浦大臣《とゆらのおおおみ》を生んだが、名を「入鹿連公《いるかのむらじきみ》」だといっている。

『日本書紀』にも似た記述がある。物部守屋が滅びた時、物部は蘇我にだまされたのだと証言している。時の人は口々に、

「蘇我大臣の妻は物部大連《おおむらじ》の妹だ。大臣は妻のはかりごとを用いて、大連（物部守屋）を殺したのだ」

と、語り合ったとある。

やはり、『日本書紀』皇極二年（六四三）十月条には、

「蘇我入鹿が権勢をほしいままにしたのは、祖母（物部守屋の妹。『先代旧事本紀』にいう物部鎌姫大刀自連公）の財があったからだ」

とある。

『日本書紀』は、蘇我氏が物部氏の財力をあてにして、物部守屋の妹を娶り、まんまと物部守屋ははめられたのだといいたげだ。事実、この時代、蘇我氏は物部氏の土地を貪欲《どんよく》に奪い取っていたという指摘がある。加藤謙吉は『蘇我氏と大和王権』(吉川弘文館)の中で、日本各地の「物部とソガ部」の分布を調べ、大化前代の物部とソガ部が、多くの場所で重なっていることをつきとめている。これは、物部守屋を滅ぼした蘇我氏が、一気に物部氏の土地を収奪したからだというのである。

しかし、それならなぜ、『先代旧事本紀』は「豊浦大臣(蘇我入鹿)は物部の子」と、自慢したのだろうか。

ここに、これまで語られることのなかった物部氏と蘇我氏の真の関係が隠されているように思えてならない。両者は手を組んでいた可能性がある。

そして、この謎解きは、さらに他の文書を組み合わせることで大きな意味を持ってくるのである。

第二章のここがポイント！

『古事記』と『先代旧事本紀』はどちらも、序文があったがために、偽書の疑いをかけられた。

ただし、『古事記』の場合、偽書説を否定する学者は多く、一方、『先代旧事本紀』は、ほぼ偽書扱いされたままだ。『古事記』と『先代旧事本紀』に対する史学界の考えには、納得しかねるものがある。

『古事記』と『先代旧事本紀』は、どちらも偽書であり、『日本書紀』を糾弾《きゅうだん》する文書が『古事記』や『先代旧事本紀』だったという発想に立たなければ、いつまでたっても、古代史の全体像はつかめないのではないか。

そこで、次章では、『日本書紀』と藤原氏を糾弾する文書を、さらに紹介していくことにする。

第三章

『上宮聖徳法王帝説《じょうぐうしょうとくほうおうていせつ》』と『元興寺伽藍縁起并流記資財帳《がんごうじがらんえんぎならびにるきしざいちょう》』が暴く不都合な古代史

法興寺と百済服の謎

蘇我氏全盛期に建立《こんりゅう》された寺院といえば、法隆寺《ほうりゅうじ》（奈良県平群《へぐり》郡斑鳩《いかるが》）と法興寺《ほうこうじ》（飛鳥寺〜奈良県高市《たかいち》郡明日香村《あすかむら》）の名がすぐに挙がる。意外に知られていないが、どちらの寺も「物部氏と蘇我氏の因縁の寺」なのだ。

法隆寺周辺の「矢田《やた》」「坂門《さかと》」「夜摩《やま》」という古い地名は、物部氏とかかわりが深い。さらに、斑鳩町の「新家《にいみ》」という地名は物部系の「新家連《にいのみのむらじ》」に通じる。大和川《やまと》、飛鳥川《あすか》、曽我《そが》川が合流する「安堵《あんど》町」も、物部系の「阿刀《あと》氏」の土地だ。大和川を下って奈良盆地を抜けると、物部氏の地盤、大阪府八尾《やお》市だ。ニギハヤヒが天磐船《あまのいわふね》に乗ってヤマトに舞い下りたのは大阪府と奈良県の県境付近と語り継がれ、周辺にいくつもの物部系の神社が鎮座する。その中の斑鳩の地域を蘇我氏が譲り受けたわけである（それが強奪だったのかどうかについては、これから述べる）。

法興寺でも、興味深いことがある。法興寺は日本初の男性の僧の寺＝法師寺だ。仏教公伝（五三八あるいは五五二年）の時、最初に仏を祀《まつ》ったのは女性だった。これは「国際基準（?-）」からいって珍しいことで、「神祭りは巫女《みこ》の役目」という日本的な発想があったのだろう。そして、七世紀になって、ようやく男性のための寺が蘇我氏の手で建てられた。だから、仏法が興《おこ》った寺「法興寺」なのだ。貞観《じょうがん》四年（八六二）の太政官符《だいじょうかんぷ》に、「法興寺は仏法が興った場所であり、聖の教えが最初に根づいた地」とある。日本仏教の原点が法興寺である。

蘇我氏によって建てられた、仏法が興った寺・法興寺

『日本書紀』推古元年（五九三）正月十五日条に、法興寺の刹柱《さっちゅう》（塔の中心になる柱）の心礎《しんそ》に仏舎利《ぶっしゃり》が置かれ、翌日、刹柱が建てられたとある。『扶桑略記《ふそうりゃっき》』にもそっくりな記述が載り、さらに、嶋大臣《しまのおおおみ》（蘇我馬子）ら百余人は、百済《くだら》服を着て参列し、みな喜んだ、とある（原文「於飛鳥地建法興寺。立刹柱日。嶋大臣并百余人皆着百済服。観者悉悦。以仏舎利籠置刹柱礎中。」）

蘇我馬子が、百済服を着たことに、どのような意味があったのだろうか。そしてなぜ、みな喜んだのだろうか。この謎を解き明かすために、少し遠回りをしなければならない。聖徳太子の伝承を集めた『上宮聖徳法王帝説《じょうぐうしょくとくほうおうていせつ》』と、元興寺《がんごうじ》の『元興寺伽藍縁起幷流記資財帳《がんごうじがらんえんぎならびにるきしざいちょう》』に大きなヒントが隠されているからだ。元興寺とは、法興寺のことだ。平城京遷都《せんと》によって旧都の主だった寺は移されたが、法興寺は頑強に抵抗した。

そこでやむなく、朝廷は平城京に新たな寺を建て、法興寺の一部の建物を移した。これを法興寺ではなく、元興寺（要は昔仏教が興った場所という意味だろう）と名づけたのだ。この『上宮聖徳法王帝説』と『元興寺伽藍縁起幷流記資財帳』が、歴史解明の多くのヒントを握っていたのである。

『上宮聖徳法王帝説』は何を目的に書かれたのか

『上宮聖徳法王帝説』は十九世紀まで法隆寺が所持していたが、幕末に一人の僧に渡り、明治十二年（一八七九）に京都の知恩院《ちおんいん》で所蔵されるようになり、今日に至った。おそらく、平安初期に編まれたと思われる。表題にある通り、聖徳太子の伝記で、『日本書紀』と並ぶ聖徳太子信仰、聖徳太子伝説にまつわるもっとも古い部類に入る文書だ。全文、漢字で書かれているが、まったくの漢文ではなく、「和化漢文」の形をとっている。ただし、知恩院本の訓には不正確なところがある。たとえば、「足尼」、「茨田」は本来、それぞれを「スクネ」、「マムタ」と読むべきだが、「タリニ」、「スイタ」となっている。なぜ、このような訓《よ》みがまかり通ったのかというと、後者に関しては「延喜式神名帳《えんぎしきじんみょうちょう》」が「茨田神社」を「スイタ」と呼んでいたからではないかと疑われている（『日本思想大系2　聖徳太子』　家永《いえなが》三郎　藤枝《ふじえだ》晃　早島鏡正《きょうせい》　築島裕《つきしまゆたか》　岩波書店）。

表題にも謎がある。「上宮」、「聖徳」に続いて、「法王帝説」とつながる理由がよくわかっていない。「帝説」は『帝紀』や「帝記」ではないかとする説が根強い。のちに記される文書の中に、『上宮聖徳法王帝説』ではなく「上宮聖徳法王帝記」と記されている例が複数存在し、ただの誤記とは思えないのだ。

ただ、なぜ、在俗の皇太子のまま亡くなった聖徳太子の伝記に「法王」や「帝」の文字が用いられたのか、深い謎を残している。

『上宮聖徳法王帝説』は、五つの話から構成されている。

（1）　聖徳太子の周辺の皇族の系譜が掲げられる。聖徳太子の父母、同母弟、異母兄弟、聖徳太子の子、孫、甥、姪、聖徳太子の祖父父母ら。（2）聖徳太子の伝記が始まる。政治上の実績が語られ、誕生から人となり、薨去《こうきょ》、慧慈《えじ》の殉死《じゅんし》と続く。（3）法隆寺金堂の薬師像銘文、同金堂釈迦像銘文、天寿国繍帳《てんじゅこくしゅうちょう》の銘文が引用され、それらの文章を繰り返し説明している。加えて巨勢三杖《こせのみつえ》の追悼歌の引用。（4）聖徳太子の伝記や蘇我入鹿滅亡に関する内容で、蘇我氏にかかわる記述が多い。物部守屋との合戦、四天王寺建立から聖徳太子の治政、上宮王家の滅亡、蘇我氏誅滅《ちゅうめつ》までを描く。（5）聖徳太子と深くかかわった五人の天皇（欽明《きんめい》、敏達《びだつ》、用明《ようめい》、崇峻《すしゅん》、推古《すいこ》）の在位期間、崩御の年、陵墓、聖徳太子の生没年と墓にまつわる簡単な記述。

これが『上宮聖徳法王帝説』の内容だが、重複記事が多いことが、一つの謎になっている。『上宮聖徳法王帝説』が何を目的に編まれたのかといえば、『日本書紀』や『古事記』の聖徳太子にまつわる記述に、さらに補足と訂正を加えようと、法隆寺関係者が聖徳太子の伝承をかき集めたものと、考えられている。たとえば、仏教伝来の年は、『日本書紀』の記述とは異なり、『元興寺伽藍縁起幷流記資財帳』と合致している。そもそも約百年前に亡くなった聖徳太子の死亡年を正史が間違えること自体、不審きわまりないのだが……。

聖徳太子の死を念押しする『上宮聖徳法王帝説』

『上宮聖徳法王帝説』は、不可解な文書だ。

まず冒頭、橘豊日天皇《たちばなのとよひのすめらみこと》（用明天皇）の子が「厩戸豊聡耳聖徳法王《うまやとのとよとみみ》（聖徳太子）」であると明記され、その兄弟の名が連なる。そのあと、聖徳太子自身の妃《きさき》と生まれた子の名が続き、「聖王《ひじりのおおきみ》（聖徳太子）の子は十四人」といい、さらに山代大兄王《やましろのおおえのみこ》（山背大兄王）の子の名も掲げている。

存在を含め、謎が多い聖徳太子

問題はその途中に山背大兄王にまつわる注が加えられていることで、これが謎を呼ぶ。「この王は賢く尊い心があった。命を捨てて人びとを愛した」といい、次の言葉につながる。

「後ノ人、父ノ聖王ト相《あ》ひ濫《みだ》るトいふは、非《あら》ず」

つまり、「後世の人間は、聖徳太子と山背大兄王は親子ではないとみだりにいいふらしているようだが、それはよくないことだ」というのである。

『日本書紀』に記された聖徳太子と山背大兄王の関係を、なぜ、のちの人びとは疑ったのだろうか。そして、なぜ、『上宮聖徳法王帝説』の注は「馬鹿らしくてお話しにならない」と笑い飛ばし、「ありえない」と一蹴《いっしゅう》するのではなく、「そのようなことをいうのは不謹慎だ」と答えたのだろうか。それは、もしかすると、「そんなことはいわれなくともわかっていることだから、あえて噂するのはやめてくれ」ということなのだろうか。

ちなみに、『日本書紀』にも、聖徳太子と山背大兄王が親子だったとは、どこにも書かれていない。あたかもそうであったかのように、物語は流れていくのだ。これは、意外な盲点かもしれない。山背大兄王と上宮王家の御陵が見つかっていないことも、こうなってくると妙にひっかかる。

他方、法隆寺も謎だらけだ。梅原猛《うめはらたけし》が『隠された十字架』（新潮文庫）の中で指摘したように、太子等身像の救世観音《ぐぜかんのん》の後頭部には、直接光背が打ちつけられていて、梅原猛は

布でぐるぐる巻きにされ、後頭部に直接光背が打ちつけられて封印されてきた救世観音像

呪い封じではないかと疑う。実際、救世観音は長い布にぐるぐる巻きにされ、長い間秘仏にされて封印されてきた。なぜ、聖徳太子像を表に出すことができなかったのだろうか。

さらに、金堂に二体のご本尊が祀られている。その釈迦如来像と薬師如来像の光背銘や天寿国繡帳を『上宮聖徳法王帝説』は全文引用し、その説明を行なっているのだが、「聖徳太子は亡くなった」という事実を、繰り返し確認するという、異常な文面になっている。

「母が亡くなり、キサキが亡くなり、あとを追うように聖徳太子も亡くなった」

という話を、何度も繰り返す。

『上宮聖徳法王帝説』の主題は、聖徳太子の業績を礼讃することではなく、死を確認することなのである。

なぜ、「聖徳太子が死んだ」を繰り返すのか

釈迦如来像の光背銘も、テーマは『上宮聖徳法王帝説』と同じだったように思えてくる。

聖徳太子の死を強調する内容なのだ。

生《さう》を出《い》で死に入るに、三《み》ノ主《たりあるじ》に随《した》ひ奉《まつ》り

この光背銘の一節、「生を出で死に入る」について、『上宮聖徳法王帝説』は、「生まれるところに帰ることをいっている」と必要のない説明を加えている。しかも、このような話の反復が多い。「聖徳太子は母とキサキと三人で、ほぼ同時に亡くなった」、「聖徳太子は病で亡くなった」と、何度も確認しているのである。

また、聖徳太子の母を「鬼前大后《かむさきのおおきさき》」と呼んでいる。「神前《かむさき》」だったものを、あえて「鬼前」にすり替えた、と『上宮聖徳法王帝説』は説明している。鬼前大后は穴穂部間人皇女《あなほべのはしひとのひめみこ》のことで、なぜ、神前大后と呼んだのかというと、弟の崇峻天皇の宮の名が「石寸神前宮《いわれのかむさきのみや》」だったことにちなんでいる、といっている。古代人にとって「神」と「鬼」は表裏一体だったから、特別騒ぐことではないのかもしれない。しかし、しだいに旧豪族が弱体化すると同時に、「鬼」はそれまでの「神」の意味を失い、零落していく。その過程であえて「鬼」を聖徳太子の母の名にあてがったとすれば、ここに光背銘作者の「謎かけ」を見る思いがする。その謎解きに関しては、『元興寺伽藍縁起幷流記資財帳』の場面で続けるとして、ここでは、光背銘がこだわる聖徳太子の死の話を続けよう。

さて、「天寿国繍帳」にも、「太子崩《かむあがりま》しぬ」、大王《おおきみ》（聖徳太子）は、母親と約束していたかのように「従遊《ずゆ》したまひき（亡くなられてしまった）」と記録される。

これについて、『上宮聖徳法王帝説』は「太子崩」の「太子」は「聖王（聖徳太子）」のことで、「従遊」とは、「死ぬるコトソ」と、念には念を入れて、「聖徳太子は亡くなった」と繰り返す。母とキサキと聖徳太子が、ほぼ同時に亡くなったことを、何度も繰り返す。『上宮聖徳法王帝説』は、聖徳太子の業績を礼讃するのではなく、ただただ聖徳太子の死を強調するための文書なのである。

無視できないのは、『上宮聖徳法王帝説』よりもあとにできた『上宮聖徳太子伝補闕記《でんほけっき》』が、「聖徳太子は病で亡くなったのではない」と、書き残していることだ。こうなってくると、聖徳太子の死に、大きな秘密が隠されていたのではないかと、勘ぐりたくなってくる。法隆寺の釈迦如来《しゃかにょらい》像光背銘や天寿国繍帳は、「何かのアリバイ工作」だったのではないかと思えてくるのである。

ところで、江戸時代の国学者・山片蟠桃《やまがたばんとう》は『夢ノ代《ゆめのしろ》』の中で、聖徳太子は蘇我馬子に殺されたのではないかと推理している。実権を蘇我馬子に握られ、推古天皇が思いのほか長命だったために、皇太子の聖徳太子は蘇我馬子を憎むようになり、蘇我馬子は先に手を打ったという。その根拠の一つは、河内国下ノ太子《しものたいし》（大阪府八尾市太子堂の大聖勝軍寺《たいせいしょうぐんじ》）の古い縁起に、聖徳太子が吐血し、家族四人が毒死したといい伝えられていたからだ。毒殺のことは秘密にされていたが、同じ日に家族四人が死んだことは、ハッキリしているといい、その吐血シーンは絵巻になって残っているという（現存せず）。

このような話をにわかに信じることはできないが、火のないところに煙は立たない。聖徳太子には、何か大きな秘密が隠されているとしか思えない。そして、『上宮聖徳法王帝説』の編者は、その謎を解くヒントを書き残したということではあるまいか。

『元興寺伽藍縁起幷流記資財帳』も何かが変

不可解なのは、『上宮聖徳法王帝説』だけではない。『元興寺伽藍縁起幷流記資財帳』にも不思議な記述がある。推古天皇と目される「大々王《おおおおきみ》」なる人物が登場し、蘇我馬子や聡耳皇子《とみみのみこ》（聖徳太子）らとともに、仏教迫害に耐え、飛鳥の法興寺が建立されるいきさつを記録しているのだが、「何かが変」だ。『日本書紀』の記述とよく似ているが、微妙に違う。『日本書紀』崇峻天皇即位前紀に、法興寺建立の歴史が記されている。用明二年（五八七）に蘇我馬子が物部守屋を討った時、戦乱の最中、聖徳太子は戦勝を祈願して寺院の造立を誓願したが、この時、蘇我馬子も同じ誓願をしていて、これが法興寺建立のきっかけになったという。ならば、『元興寺伽藍縁起幷流記資財帳』は、『日本書紀』には描かれていない「真相」を語っているのだろうか。法興寺や元興寺そのものにも謎があって、その秘密を『元興寺伽藍縁起幷流記資財帳』が暴《あば》こうとしているのではないかと思えてくるのである。

さて、すでに触れたように、元興寺は飛鳥の法興寺を、平城京遷都（七一〇年）のあとに移築したものだ。

そこで、平城京の人びとは、元興寺の一帯を「平城《なら》の明日香《あすか》」と呼び、遠い故郷を懐かしんだ。奈良市内（紀寺町）に「飛鳥小学校」、「飛鳥中学校」が今、存在するのは、元興寺の広大な境内（興福寺の南側〜ならまち界隈）が平城京の飛鳥だったからだ。

その元興寺は、鬼の寺でもあった。「ガンゴジ」、「ガゴジ」、「ガゴゼ」は「ガンゴウジ」が訛《なま》った言葉だが、いつしか「鬼」を意味するようになった。広辞苑にも載っている。その理由を奈良朝末期から平安朝初期に成立した仏教説話集『日本霊異記』が記している。

法興寺の一部を移築して建てられた元興寺

六世紀後半の敏達天皇の時代、尾張国《おわりのくに》阿《あ》育《ゆ》知郡《ちのこおり》（名古屋市中区）に雷神の子供が堕《お》ちてきた。この子（小さ子）は十歳になると、元興寺の童子になった。童子は元興寺に出没する鬼（悪霊～元興寺の奴《やっこ》の霊）を退治し、その後も優婆《うば》塞《そく》（私度僧《しどそう》）になって元興寺に住み続け、のちに正式な僧となった……。

問題は、童子に退治された鬼が「ガゴゼ」と呼ばれたのではなく、鬼退治をした童子が「ガゴゼ」と呼ばれ、鬼と目《もく》されたことだ。古代の日本人にとって、鬼を退治する者は、鬼のような力を持った者で、要は鬼だったわけである。

また、元興寺の鎮守社は御霊《ごりょう》神社で、恐ろしい祟《たた》りを振りまいた井上《いかみ》内親王と他戸《おさべ》親王を祀っている。元興寺は、祟る鬼と強くつながっていたのだ。

元興寺のガゴゼは蘇我の祟る鬼？

元興寺と鬼のつながりは、蘇我入鹿の怨霊とかかわりがあるかもしれない。

斉明元年（六五五）夏五月というから、孝徳天皇の改革事業が失敗して中大兄皇子が都を飛鳥に戻した直後のこと、『日本書紀』に不気味な記述が載る。唐人に似た青い油笠をかぶった異形《いぎょう》の者（鬼～笠をかぶる異形の者は鬼を意味した）が、龍に乗って葛城山《かつらぎ》から生駒《いこま》山に飛び、さらに西に飛んで、住吉の松嶺《まつみね》の上から再び西に向かって飛んでいったという。斉明《さいめい》七年（六六一）には、百済救援のため、朝倉橘広庭宮《あさくらのたちばなのひろにわのみや》（福岡県朝倉市）に滞在していた斉明天皇の身辺で、奇妙なことが起きた。落雷があり、鬼火が現れた。近侍する者がバタバタと亡くなり、斉明天皇も崩御された。その葬儀の様子を、朝倉山から大笠をかぶった鬼が見ていて、みな怪しんだという。

この鬼とは、いったい何者だろうか。平安時代末期の『扶桑略記』はその鬼に対して、人びとが「あれは蘇我豊浦大臣《そがのとよゆらのおおおみ》と話していた」と伝える。豊浦大臣は蘇我蝦夷《えみし》と『日本書紀』はいい、『先代旧事本紀』は蘇我入鹿《いるか》といっている。斉明天皇の目の前で殺されたのは蘇我入鹿だから、豊浦大臣は蘇我入鹿がふさわしい。

祟《たた》って出るのは、罪なくして殺され恨んでいるからだ。裏を返せば、冤罪で殺した側が、罪の意識から身の回りに起きた不吉な現象すべてが、祟りに見えてきてしまうのだ。だから、蘇我系の元興寺と法隆寺は、祟りを鎮めるための寺になったのだろう。天然痘《てんねんとう》が大流行して藤原不比等の四人の子（武智麻呂《むちまろ》、房前《ふさざき》、宇合《うまかい》、麻呂）が一気に死んだ時、法隆寺を藤原氏が祀り出した理由も、これでよくわかる。

『日本書紀』が鬼の正体を隠したのには、理由があった。

当時、蘇我入鹿が祟って出たという話は、よく知られていたのだろう。しかも、斉明天皇は、祟りに苦しみ亡くなった。それは、蘇我入鹿が罪なくして殺されたからだが、「蘇我入鹿が祟っていた」と記録したのでは、蘇我氏の正義が証明されてしまう。だからこそ、『日本書紀』は鬼だけ登場させ、蘇我入鹿の名を伏せた。かたや後世の文書は、「蘇我入鹿の祟りだと、騒いでいたではないか」と、記録したのだろう。

蘇我氏は改革派で、中大兄皇子と中臣鎌足が反動勢力だったのに、殺された蘇我入鹿が改革を邪魔したと『日本書紀』に描かれ、手柄は藤原氏に横取りされていた。だから、蘇我氏には祟る資格があったわけである。

元興寺の「ガゴゼ」が、鬼として恐れられたのも、蘇我氏の恨みが深く、祟りが恐れられていたことと無縁ではあるまい。

『元興寺伽藍縁起幷流記資財帳』の大々王は『先代旧事本紀』の物部鎌姫大刀自連公のこと？

ここで、話は『元興寺伽藍縁起幷流記資財帳』に戻る。

『元興寺伽藍縁起幷流記資財帳』の謎は、「大々王が誰だったのか」である。大々王は他田天皇《おさだのすめらみこと》（敏達天皇）の「大后《おおきさき》」で「大々王天皇」は等由良《とゆら》の宮（飛鳥の豊浦宮）で天下を治めていたから、『日本書紀』に従えば、推古天皇ということになる。

ところが、大々王は「推古天皇の甥・聖徳太子」を「わが子」と呼んでいる。また、大々王は物部氏らに対し、「わが眷属《けんぞく》（一族）」と呼びかけている。これも不自然なのだ。ここは推古天皇にあてはまらない。大々王とは、何者なのか。

ここで思い出すのは、『先代旧事本紀』に登場する物部鎌姫大刀自連公《もののべのかまひめのおおとじのむらじきみ》のことだ。『元興寺伽藍縁起幷流記資財帳』の大々王と同一人物ではあるまいか。

物部鎌姫大刀自連公は推古天皇の時代、「参政」になって神宮を斎《いつ》き祀ったという。この「参政」という役職がどのようなものだったのか、『日本書紀』に出てこない。「巫女」となって、国政の助言を行なっていたと『先代旧事本紀』はいいたかったのだろう。

一方、『元興寺伽藍縁起幷流記資財帳』は、日本の王を天皇と呼ぶが、一度だけ「等与刀弥々《とよとみみ》（豊聡耳皇子、聖徳太子）」を「大王」と呼んでいる。また、大々王は聡耳皇子（大王）に「わが子」と呼びかけている。この場面、「大大王の子が大王」といっているのではあるまいか。しかも、大々王は物部氏を同族とみなしていた。それだけではなく、「父母の侵《おか》した仏法に対する罪」を悔《く》いていた。通説通り、大々王を推古天皇に当てはめていては、この言葉が不自然になる。大々王は「物部系」であり、しかも「聡耳がわが子」だったと考えると、筋が通る。

ここで、歴史がひっくり返るような問題が浮上してくる。『元興寺伽藍縁起幷流記資財帳』は聡耳皇子（聖徳太子）が「元興寺の土地を見定め、元興寺を建立した」といっているが、縁起の締めくくりになって違うことをいい出している。すなわち、「巷奇有明子大臣《そがのうまこ》（蘇我馬子）の長子・善徳《ぜんとこ》を領《かしら》として、元興寺を建てさせた」という。これこそ意図的に作り出した矛盾だろう。

蘇我善徳なら、『日本書紀』にも登場する。蘇我馬子の子で、法興寺（元興寺）の寺司《てらつかさ》とある。大々王が物部系で大王（聖徳太子）が物部系とするなら、大王と善徳は重なる可能性が出てくる。蘇我馬子が物部氏の女性を娶《めと》っていたことは、『日本書紀』も『先代旧事本紀』も認めていることだ。善徳なる人物、母は物部系ではあるまいか。そして、その母こそ、推古天皇によく似た「参政」の大々王だったとすれば、蘇我馬子の子の善徳は、大々王の子・大王＝聡耳皇子（聖徳太子）に見えてくる。「大々王」、「大王」は、『元興寺伽藍縁起幷流記資財帳』の苦心の作、隠号であろう。

筆者は、蘇我氏の正義を奪い去るために、『日本書紀』が「聖徳太子という偶像」を用意したと考える。しかし、「聖徳太子のような偉大な人物」が蘇我氏からあらわれていた可能性は高いし、存在していたなら、『日本書紀』はその正体を抹殺していただろう。もし、その人物を物部氏の女性が生み落としていたとしたら、『先代旧事本紀』は「物部から偉人が出ていた」と自慢し、「『日本書紀』に抹殺された」ことを、何かしらの手段を用いて告発したかっただろう。そのカラクリが、『先代旧事本紀』の物部鎌姫大刀自連公だったのではあるまいか。

同族の物部氏を説得した大々王

『元興寺伽藍縁起幷流記資財帳』は排仏派の迫害をくぐり抜けて、元興寺が建てられるまでの歴史を描いているが、クライマックスは大々王が物部氏ら排仏派に向かって、和解を呼びかける場面である。

大々王は天を仰いで涙し、次のような懺悔《ざんげ》の言葉を述べられた。

わが現在の父母、そして眷属たちは、愚かで邪《よこしま》な誘いに乗って、三宝《さんぼう》（仏法僧）を「破滅焼流」してしまった。私は後宮を尼寺とし、法師寺を造り、丈六《じょうろく》（仏像〜一丈六尺の高さからいう）を二体造った。そして、多くの寄進を行なったが、これはひとえにこの功徳をもって、わが父母、眷属の仏法を焼流させた罪をあがない、除いてほしいと願ったから……。そして、仏に誓願したのは、次のことであった。こうして造り終えた二つの寺や二体の仏像を二度と破らず、流さず、裂《さ》かず、焼かず、寺に納めた諸々《もろもろ》の物を二度と盗《と》らず、犯さないことを。もし、この二つの寺や二体の丈六を軽んじ、焼き、流すことあらば、もし、この仏に寄進した物を盗るようなことあらば、必ず災難が降りかかりますことを。そして、もし、信心篤《あつ》く、供養《くよう》うやうやしく、修《おさ》める豊かな心があれば、仏法の褒美《ほうび》をちょうだいし、身命は長く安らかに、数々の福を得ますことを……。

このように「大々王」が述べられると、大地は揺れ動き、雷雨が降りしきり、あたりを清めたという。この言葉を聡耳皇子が群臣に語りかけ、これを聞いた物部連ら群臣たちは、心を一つにして、「以後、三宝の法を破らない」と誓ったというのである。

くどいようだが、仏寺を破壊し丈六仏を難波の堀江に流したのは物部氏だ。大々王は、それを「父母と眷属たちがやった」といっている。明らかに排仏派（物部氏）を意識した言葉だ。この『元興寺伽藍縁起幷流記資財帳』の説話は、ただ「大々王の正体を知ってほしい」というだけの話ではない。大々王と大王の親子、物部系の母と蘇我の御子こそ、『日本書紀』が構築した「聖者・聖徳太子と大悪人・蘇我氏」の呪縛から解き放つカギだったわけである。『日本書紀』が仕組んだ「蘇我大悪人論」のトリックのキモ、聖者・聖徳太子とその一族を蘇我入鹿が滅ぼしたという「物語」のウソを、物部系と蘇我系の『先代旧事本紀』と『元興寺伽藍縁起幷流記資財帳』を重ねることで暴露することができたのである。

さらに、二つの文書からわかることは、あと二つある。物部氏と蘇我氏の本当の関係であり、先ほど話した法興寺建立に際して蘇我氏が着て、みなを驚かせた「百済服」のことである。

律令整備に反発した物部氏

物部氏と蘇我氏の対立について、『日本書紀』は「仏教導入をめぐる争い」と語っているが、実際には物部氏も仏寺を造っていたことがわかっている。ならば、もっとほかの原因があったはずで、しかも『日本書紀』は、その事情を「宗教戦争」にすり替える必要があったことになる。

答えは簡単だ。当初、物部氏は律令整備に反発していたのだろう。物部氏は古代最大の豪族だが、各地に広大な土地を所有し、大量の民を支配していた。律令制度が整えば、もっとも損害が大きいのは物部氏だったわけで、律令整備最大の難関は、「誰が物部氏の首に鈴をつけるのか」にかかっていたはずなのである。

そして、蘇我氏は次の提案をしたのではなかったか。すなわち、中央集権国家を建設するが、王（天皇）に実権を渡すわけではないこと、手放した土地に見合うだけの重要なポストを物部氏に与えること、である。

この説得に物部氏が納得すれば、他の豪族たちの多くが靡《なび》くという読みがあったに違いない。実際、八世紀に完成する律令制度は、本家の中国のものとは異なり、原則として王から権力を奪うものだった。貴族（旧豪族）の構成する太政官《だいじょうかん》に最大の権力があずけられ、太政官の奏上してくる案件を天皇が追認し、お墨つきを与えるシステムだった。そして、律令（七〇一年）が完成した時代、物部氏が朝堂のトップに立っていたのは、偶然ではないと思う。巨大な土地を手放し、律令整備の最大の功労者になった物部氏には、権力を握る権利があった。もちろん、そのあとは、原則として実力と能力によって役職は与えられることになるが、この段階で物部氏が頂点に君臨するのは、当然のことだった。この体制を破壊したのは藤原氏であり、彼らは律令を自家にとって都合のいいように悪用していくようになる。問題なのは、藤原氏だけが高級官僚になれるカラクリを構築してしまったことにある。ただし、このあたりの事情に関しては、のちに再び触れる。

物部氏は、蘇我氏のもとに嫁いだ大々王（物部鎌姫大刀自連公）の説得を受け、全面的に改革事業に協力することを約束したのだろう。『日本書紀』は、「蘇我氏と物部氏が手を組んで改革を推し進めた」という事実を抹殺するために、両者の争いを「宗教戦争」にして誤魔化したのである。

ここまでわかると、「百済服」の謎も解けてくる。

古墳時代を通じて百済は重要な同盟国だったが、その外交政策を推進していたのは、物部氏だった。だから、海を渡った「物部さん」が、百済の役人にもなっている。ところが、蘇我氏は全方位外交を展開したから、物部氏は気に入らなかったのだろう。しかし、蘇我氏は法興寺建立に際し、百済の技術者の力を借り、百済服を着てみせたのだ。

これはおそらく、法興寺建立過程で、物部氏との間に和解が成立し、その証《あかし》をして見せたパフォーマンスだったのだろう。

第三章のここがポイント！

『先代旧事本紀』と『元興寺伽藍縁起幷流記資財帳』は、物部系と蘇我系の人物によって記されたものと考えられる。

二つの文書を重ねてみて、初めて『日本書紀』の歴史改竄《かいざん》の裏側を読み解くことができるのは、驚くべき事実である。

物部氏と蘇我氏は単なる敵対者ではなかった。大悪人・蘇我氏が聖者・聖徳太子とその一族を殺したのでもなかった……。

それぞれの文書を単独で眺めていただけでは、意味がなかったのだ。藤原氏にいじめ抜かれた二つの氏族が、のちの時代に貴重な歴史解明のヒントを残しておいてくれたわけである。

第四章

『万葉集《まんようしゅう》』と『懐風藻《かいふうそう》』が暴く不都合な古代史

『万葉集』は藤原氏を糾弾するための歌集

『万葉集《まんようしゅう》』は、全二〇巻。日本最初の歌集だ。主に七世紀から八世紀にかけて作られた歌を集めている。部立《ぶだ》てと呼ばれる歌の構成が特徴的で、大きく三つの歌の種類に分かれる。宮廷などの晴れの舞台で歌われる「雑歌《ぞうか》」、恋愛のやりとりの「相聞《そうもん》」、死者に対する葬送《そうそう》や哀《あい》悼《とう》の「挽歌《ばんか》」だ。

天皇、貴族（豪族）のみならず、防人《さきもり》や庶民の歌も収録している点、『万葉集』は平安時代に作られた歌集とは、一線を画《かく》している。

誰が編纂《へんさん》したのか、ハッキリとしたことはわかっていないが、おそらく大伴旅人《おおとものたびと》の子・大伴家持《やかもち》が、大きくかかわっていたと考えられている。

たとえば、『万葉集』の最後の歌は、大伴家持の次の歌だ。

新《あら》しき　年の初めの　初春《はつはる》の　今日《けふ》降る雪の　いやしけ吉事《よごと》（巻二十―四五一六）

大意は、「初春の今日、この降る雪のように、よいことよ、いっぱい積もっておくれ……」で、正月らしい歌だ。しかし、なぜ、歌集の最後に一年の初めの歌をもってきたのかというと、この時代、大伴氏は藤原氏にいじめられ、政治的に窮地に追いやられていて、しかも、藤原氏の攻撃を大伴氏が一人で背負い込み、何かよいことが起きないかと、願ったのだろう。

『万葉集』の成立に大きくかかわったとされる大伴家持

では、『万葉集』の巻頭を飾ったのは誰の歌かというと、五世紀後半の雄略天皇だ。しかも、雄略天皇の歌は、いくつかの区切りで、栞《しおり》のように挿入されている。『万葉集』の編者が雄略天皇を強く意識していたことは間違いない。

大伴氏は神武東征の時、九州から天皇家につき従ってきたと『日本書紀』にはあるが、実際には雄略天皇の出現とほぼ同時に頭角を現している。クーデターを成功させて旧勢力を駆逐した雄略天皇は、味方が少なかったようで、そんな中で大活躍したのが大伴家持の祖なのだ。雄略天皇は「強い王」を目指し、中央集権国家造りの第一歩を歩み始めた王で、その時、大伴氏の祖が名をあげている意味は、決して小さくないし、『万葉集』が大伴氏の手で編纂されたと考えると、なぜ、雄略天皇の歌が巻頭を飾ったのか、その理由がハッキリとしてくる。雄略天皇の出現は、大伴氏発展の始まりでもあったのだ。

そして、ここで明確にしておきたいのは、『万葉集』がただの「文学」ではないということだ。結論から先にいってしまえば、律令制度を悪用し、自家だけの繁栄を祈り、他の貴族、豪族たちを蹴落とし続けた藤原氏を糾弾するための歌集なのである。

藤原氏にいじめ抜かれた大伴氏

大伴氏の悲劇は、多くの有力豪族が藤原氏の魔の手にかかり衰退していく中、最後まで生き残った有力豪族で、藤原氏に徹底的にいじめ抜かれたことなのだ。その恨みつらみを、大伴氏は人びとの歌を利用して晴らし、本当の歴史を告発しようとしたのだ。その歌集が、もちろん『万葉集』だ。その大伴氏の必死の思いを無視することは許されないのである。

平城京遷都(七一〇年)と同時に、藤原不比等の陰謀によって物部氏が没落したことは、既に触れた。そのあと、頭角を現したのが大伴旅人で、藤原氏と対立していた長屋王《ながやのおおきみ》を頼った。藤原不比等亡きあと、四人の子（武智麻呂《むちまろ》、房前《ふささき》、宇合《うまかい》、麻呂）が、反藤原派の旗印になりつつあった長屋王を押さえつけるためにあらゆる手管を駆使していた。長屋王が朝堂のトップに立つと、藤原房前は律令の規定にない内臣《うちつおみ》に就任した。天皇と同等の地位にあるという無茶苦茶な地位を勝手にこしらえ、「天皇から命じられた」という形を繕《つくろ》って、長屋王を煙に巻いたのである。

しだいに藤原四子は、藤原氏に逆らう長屋王が邪魔になった。そんな最中、大伴旅人は大《だ》宰帥《ざいのそち》に任ぜられ、九州に赴《おもむ》いた。

ここで、大伴旅人は山上憶良《やまのうえのおくら》らと筑紫歌壇《つくしかだん》を形成するのだが、穏やかな日々が続いたわけではない。というのも、大伴旅人が大宰府赴任中に平城京では長屋王の変（七二九年）が勃発し、謀反の嫌疑をかけられた長屋王の一家が全滅してしまったからだ（藤原氏出身のキサキと御子だけは許された）。長屋王が罪なくして殺されたことは、のちの時代に判明していて、『続日本紀』も認めている。すべては、藤原四子が仕組んだ罠《わな》だった。罠というほど、緻密な事件ではない。一方的に言いがかりをつけられたようなものだ。

そして、大伴旅人は酒浸《びた》りとなり、自暴自棄になっていったのである。

このころ、大伴旅人が作った歌は、高級官僚にしては、あまりにも荒《すさ》んだものだった。酒浸りで、愚痴しか出てこないのである。

賢《さか》しみと　物言ふよりは　酒飲みて酔《ゑ》ひ泣《なき》するし　優《まさ》りたるらし（巻三―三四一）

（大意）偉そうに物をいうよりも、酒を飲んで酔って泣いたほうが勝《まさ》っている……。

なかなかに　人とあらずは　酒壺《さかつほ》に　なりにてしかも　酒に染《し》みなむ（巻三―三四三）

（大意）中途半端に人間でいるよりも、いっそのこと酒壺になってしまいたい。酒浸りになりたい……というが、大伴旅人、もはや酒浸りだったのではないか。

どうやら大伴旅人は、歌に託して、都の藤原氏を呪っていたようだ。

あな醜《みにく》　賢《さか》しらをすと　酒飲まぬ　人をよく見れば　猿にかも似る（巻三―三四四）

◉藤原氏略系図（藤原四子）

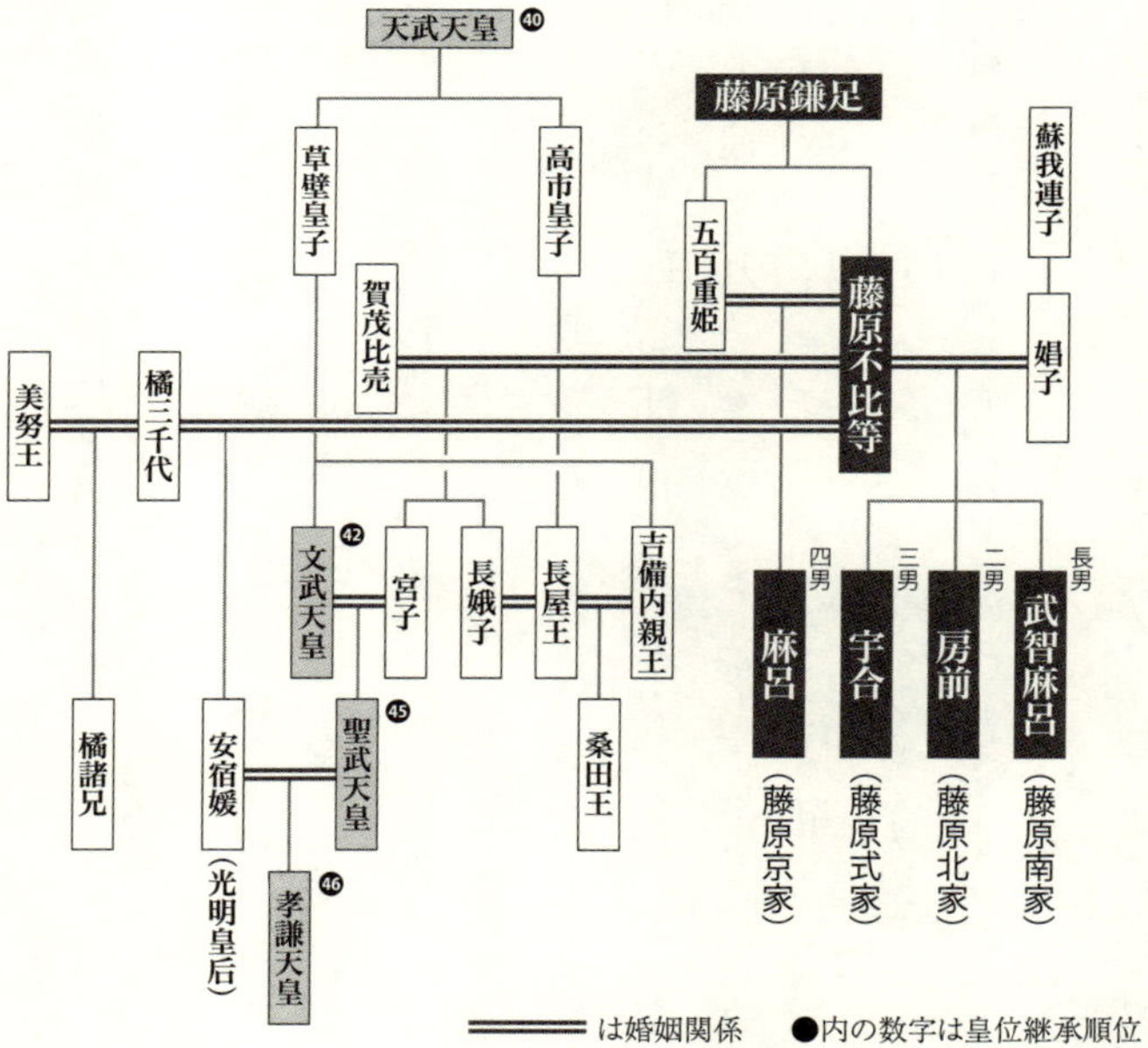

（大意）ああ、醜い。賢人ぶって酒を飲まぬ人は、よく見れば、猿に似ている……。

『萬葉集大成　第十巻　作家研究篇下』（平凡社）の中で五味智英は、大伴旅人が罵《ののし》る「賢人ぶっているヤツ」とは、具体的には都の藤原氏だろうと指摘している。まさにその通りだろう。

大伴旅人の悲劇は、長屋王の力になることもできなかったことで、しかもこの後、大伴旅人は藤原房前に命乞いをして許され、都に戻ってきたことであった。

名門豪族・大伴氏と改革事業

大伴氏はこのあと、藤原氏と暗闘を繰り広げていくが、彼らは名門豪族の誇りを捨てることはなかった。その理由は、長い歴史に隠されている。

『日本書紀』は初代神武天皇が南部九州（日向《ひむか》）からやってきたといい、多くの史学者は「神武天皇が実在したとすれば、南部九州ではなく北部九州からやってきた」といっている。弥生時代後期の日本列島でもっとも発展していたのが北部九州だから当然のことだ。

しかし、筆者は、北部九州で敗れた人びとが一度南部九州の隼人《はやと》らを頼り逼塞《ひっそく》し、のちにヤマトに迎え入れられたと考える。そして、大伴氏は九州時代から王家を支《ささ》え続けた、名門中の名門だ。『古事記』には、その大伴氏の祖とかかわりの深い大久米命《おおくめのみこと》について、「黥《さ》ける利目《とめ》」、「入墨《いれずみ》をした鋭い目」といっている。入墨をしていたのは九州の海人《あま》の伝統で、彼らは、縄文時代に南方から黒潮に乗って日本列島にやってきた海の民の末裔と考えられる。

大伴氏は九州時代の王家を支えていたのだろう。そして、五世紀半ばまで、「ただただ祭祀に専念する王」に仕えてきたのだ。「強い王家」を目指す雄略天皇の出現によって、それまで日陰の存在だった大伴氏が政権の中枢に躍《おど》り出て活躍を始めた。大伴氏の歴史は、この流れの中で捉《とら》える必要がある。

大伴氏は七世紀に至って「改革派」の中核に位置して、中央集権国家づくりを目指したのだろう。壬申《じんしん》の乱（六七二年）で反動勢力の天智天皇の子・大友皇子を見限り、大海人皇子を全面的に後押ししたのは、大海人皇子が親蘇我派で改革派だったからだ。

大海人皇子は乱を制すと飛鳥で即位し（天武天皇）、独裁権力を握り、一気に律令制度を整えようと、ばく進した。豪族から土地を奪い、公平に民に貸し出し、旧豪族には相応の役職と報酬を与える必要があった。これを伝統的な豪族層の合議に委《ゆだ》ねていては、いつまでたっても問題は解決しない。だから、一度強大な権力が天武天皇にあずけられたのだ。

ここまでは、大伴氏の目論見通りだった。しかし、ここから歯車は狂っていく。その事情を、大伴氏は『万葉集』で明らかにしている。事情を説明していこう。

朱鳥《あかみとり》元年（六八六）、天武崩御の直後、皇后の鸕野讃良《うののさらら》（のちの持統天皇）が事件を起こし、天武の事業を台なしにしてしまう。それが大津皇子謀反事件だった。鸕野讃良の息子・草壁《くさかべ》皇子最大のライバルは、冤罪《えんざい》によって葬り去られてしまう。『日本書紀』は、「草壁皇子が皇太子だった」というが、これがじつに怪しく、『万葉集』が「本当は……」と、大きなヒントを投げかけているように思えてならない。

『日本書紀』は大津皇子の具体的な罪を記していないが、『万葉集』には、不思議な歌が残されている。それが、大津皇子の姉で伊勢《いせ》斎宮《さいくう》に斎王《さいおう》として赴任していた大伯皇女《おおくのひめみこ》（大来皇女）の歌なのだ。

大津皇子謀反の証拠を堂々と示した『万葉集』

大津皇子は弁解も許されず自尽《じじん》させられたが、妃の山辺皇女《やまのべ》は、髪を振り乱し、裸足《はだし》で駆けつけ、殉死した。見る者は、みな悲しみ嘆いたという。

この事件、鸕野讃良と藤原不比等の仕掛けたクーデターだろう。ちなみに、鸕野讃良の姉の腹から生まれたのが、大津皇子だ。『日本書紀』は、大津皇子が謀反を企てたというが、本当に政権転覆を謀《はか》ったのは、鸕野讃良だろう。証拠は『万葉集』巻二―一〇五の一首に隠されている。

わが背子を　大和《やまと》へ遣《や》ると　さ夜深《よふ》けて暁露《あかときつゆ》に　わが立ち濡《ぬ》れし

（大意）弟の大津皇子をヤマトに送ろうとたたずんでいると、夜は深け、露に濡れてしまった……。

この歌の題詞は、「大津皇子、窃《ひそ》かに伊勢の神宮に下《くだ》りて上《のぼ》り来ましし時の大伯皇女の御《み》作歌《うた》」とある。これは謀反が発覚する直前のことだ。つまり、天武天皇の崩御の直後だ。

謎は二つ。東国の入口に大津皇子が向かっていたことは、謀反の証拠になりうるが、『日本書紀』が無視していることと、一方で『万葉集』が「裏事情」を暴露していることである。

ここに大きな秘密が隠されていて、しかも『日本書紀』にとって都合の悪い「何か」があったのだろう。

このあと、大伯皇女は都に戻り、大津皇子の屍《しかばね》をヤマトを代表する霊地・二上山《ふたかみやま》に移葬している。これを停止できなかったこと、草壁皇子が二年数ヵ月、即位できないまま亡くなってしまったところに、事件の真相は隠されていよう。

のちに触れるように、日本初の漢詩集『懐風藻《かいふうそう》』は、大津皇子を指して「太子」と呼んでいる。漢字の意味を大切にする漢詩集の「太子」の二文字を軽視してはならない。「太子」は、皇太子の意味だ。

天武天皇の皇太子は『日本書紀』の証言とは異なり、大津皇子だったのではあるまいか。そして、多くの者が大津皇子の即位を願っていたのに、鸕野讃良と藤原不比等が罪もない大津皇子を葬ってしまったから、誰も草壁皇子の即位を願わなかったということだろう。

この事情に関しても、『万葉集』が「隠語」を用いて明らかにしている。それが、大津皇子と草壁皇子が奪い合ったという「石川女郎《いしかわのいらつめ》（郎女）」という女性の名前である。

石川女郎は蘇我氏そのもの

大津皇子と草壁皇子の恋の鞘当《さやあ》ては、『万葉集』に記録されている。やはり、天武天皇崩御の直後、巻二―一〇七から一一〇の歌群だ。

まずは、大津皇子の歌。

あしひきの　山のしづくに　妹《いも》待つと　我《われ》立ち濡《ぬ》れぬ　山のしづくに

（大意）石川女郎を待っていると、山の滴《しずく》に濡れてしまった。

このあと、大津皇子は陰陽道に通じる津守連通《つもりのむらじとおる》に占いで見破られているにもかかわらず、密かに石川女郎に会っていたと『万葉集』はいう。そして、これを受けて、草壁皇子は歌うのだ（巻二―一一〇）。

大名児《おほなこ》を　彼方野辺《をちかたのへ》に　刈《か》る草《かや》の　束《つか》の間《あひだ》も　我《われ》れ忘れめや

（大意）石川女郎を、あちらの野辺で刈っている草（萱）の束の間でも忘れるものか……。

恋の鞘当てに敗れたのは、草壁皇子だった……。しかし、この一連の歌は別の意味を持っていると思う。問題は、石川女郎が、『万葉集』に複数登場すること、その期間が長すぎて、とても一人の女性とは思えないこと、ところが一方で、石川女郎は恋多き女性という共通点を持つ。で、多くの殿方を誘惑し、結ばれ、最後は振られるという役回りを演じている。

一般に、石川女郎は複数存在したのではないかと考えられているが、本当のところはどうなのだろうか。筆者は、石川女郎を「蘇我氏の隠語」とみなす。

蘇我本宗家滅亡後、蘇我入鹿の従兄弟・蘇我倉山田石川麻呂が氏上《うじのかみ》を継《つ》ぐが、その末裔は「石川」を名乗っていく。蘇我氏の本流は石川氏になっていくのだ。この「石川女郎＝蘇我の隠語」がわかってしまうと、『万葉集』の「本当にいいたかったこと」がハッキリと見えてくる。

天武朝を後押ししていた最大勢力の蘇我氏は、大津皇子の即位を願っていたのだろう。とすれば、大津皇子こそ天武天皇の皇太子だった可能性は高くなるばかりなのだ。

大伴氏の体たらくをなじった石川女郎

石川女郎は、大津皇子だけではなく、大伴氏の歴史をも語っている。

「石川女郎（郎女）」は、天智天皇の時代から多くの男とかかわりを持ち、「モテモテ」だったのに、奈良時代に大伴氏との関係が途切れたことになる。

『万葉集』巻二―一二六から一二八は、大伴田主《おおとものたぬし》と石川女郎の歌の応酬《おうしゅう》で、石川女郎は大伴田主に、

「あなたは風流人と聞いていましたのに、私に宿を貸さずに帰してしまったのは、間抜けなことですね」

となじる。すると大伴田主は、

「あなたを泊めずに追い返した私こそ、風流人なのだ」

とやり返す。これに対し、石川女郎は、

「噂通りでしたわ。葦の葉先の柔《やわ》な脚の病のあなたは。しっかりしてくださいな……」

と、捨て台詞《すぜりふ》を吐くのだ。

この話、改革派の長屋王の滅亡に際し、指をくわえて見ていただけの大伴氏を、蘇我氏の亡霊が責めているると、とることも可能である。

そして、石川女郎が「蘇我氏の隠語」と考えれば、大津皇子と草壁皇子の本当の立場がハッキリとしてくる。蘇我氏は乙巳の変（六四五年）で衰退したと思われがちだが、実際には、奈良時代に入っても、ヤマトでもっとも権威ある一族として、王家にも強い影響を及ぼしていたのだ。大海人《おおあま》皇子が壬申の乱（六七二年）を制したときも、蘇我氏が近江朝を裏切り、大海人皇子を支えていたから勝てたのだ。即位した天武天皇は、親蘇我系で、だからこそ都を蘇我氏の地盤に遷《うつ》した。そして、天武天皇崩御に際しても、蘇我氏の発言力は強かっただろうし、蘇我氏に支えられていなければ、皇太子になれなかっただろう。その「蘇我氏＝石川女郎」が、草壁皇子ではなく大津皇子を選んでいたという事実……。

『万葉集』は、「石川女郎の物語」を汲《く》み上げることで、歴史の真実を訴えていたのだ。天武天皇の後継者は大津皇子であり、だからこそ、鸕野讃良は焦《あせ》り、大津を抹殺したが、誰も草壁皇子の即位を認めてくれなかったという構図が見えてくる。

長屋王の変（七二九年）ののち、命乞《いのちご》いをして都に戻ってきた大伴旅人は、間もなく失意の中で亡くなり、子の大伴家持が藤原氏の脅威をまともに受ける時代が到来する。大伴家持こそ、『万葉集』編纂の中心に立っていたのではないかと疑われているのだが、大伴一族は橘諸兄《たちばなのもろえ》や子の橘奈良麻呂《ならまろ》らと手を組み、台頭してきた藤原仲麻呂《なかまろ》（のちの恵美押勝《えみのおしかつ》〜藤原不比等の孫）に対抗した。

藤原仲麻呂の手段を選ばぬ手口や権力独占への野望に家持は辟易《へきえき》し、衝突は避けられない情勢になっていた。

大伴家持は、聖武天皇の御子・安積親王《あさかしんのう》に期待していたが、急死してしまう。正史『続日本紀』は、死因を明確にしていないが、どうやら藤原仲麻呂に密殺されてしまったようだ（通説もほぼ認めている）。

天平勝宝《てんぴょうしょうほう》八年（七五六）、反藤原派の旗印の聖武太上天皇《だいじょうてんのう》が崩御《ほうぎょ》、橘諸兄も失脚し、いよいよ一触即発の事態に陥るが、大伴家持は一族をなだめすかそうと必死だった。『万葉集』巻二十―四四六五に、大伴家持の「族《やから》に諭《さと》す歌一首」がある。その中で次のように一族に語りかけている。

われら大伴（の名）は、曇りのない心をささげて、代々の天皇を仕えてきたとして授けられた清らかな名である。子孫の絶えることなく、見る人が語り継ぎ、聞く人の手本（鏡）となる誉《ほま》れある清いその名。軽々しく考え、先祖の名を絶やしてはならない。氏の名を持つますらをどもよ。

名門豪族の自覚を持ち、自重しろと一族に求めたのだ。

しかし、橘奈良麻呂や大伴古麻呂らは、藤原仲麻呂のワナにはめられてしまった。謀反は事前に察知され、密告によって一網打尽にされた。多くの者が拷問死し、蔑称《べっしょう》が与えられた。連座して殺され、流され、処分された者は計四四三名に及び、反藤原派はほぼここに壊滅したのである。

一族に自重《じちょう》を求めた大伴家持は助かったが、それでも、延暦四年（七八五）、長岡京遷都に際し、藤原種継《たねつぐ》暗殺事件に巻き込まれる。早良親王《さわらしんのう》や大伴氏の縁者が謀反の疑いをかけられ、東北蝦夷《えみし》遠征の任地ですでに亡くなっていたのに、冤罪で「謀反の首謀者の一人」に数えられ、汚名を着せられた。

大伴氏はヤマト建国以前から王家を支え続け、王家に寵愛された誇り高い一族だったが、平安時代に入るとき、すでに衰退していたのである。

『万葉集』は、大伴氏を追い詰めた藤原氏を糾弾する目的で編まれた歌集だろう。ただの文学書ではないのだ。

政治色を帯びた漢詩集『懐風藻』

『懐風藻《かいふうそう》』は天平勝宝三年（七五一）に成立した日本最古の漢詩集だ。「遠く淡海《おうみ》（天智天皇）の時代から平都《へいと》（平城京の奈良時代）に及ぶまでの歌百二十篇を一巻にまとめた」とあり、天智天皇を意識していることがわかる。

『古事記』や『先代旧事本紀』が天武天皇を起点にしていることを考えると、『懐風藻』の序文は特殊だ。

そのため、作者はわかっていないが、天智天皇の孫・淡海三船《おうみのみふね》か白壁王《しらかべおう》（のちの光仁《こうにん》天皇）が編んだのではないかと疑われている。近江から奈良朝にかけての皇族や官僚、僧侶など、当時の教養人の歌からなる。

『懐風藻』の「懐風」と名づけた所以《ゆえん》について序文は、「先賢、先哲の残した遺風を忘れず慕《した》うため」と説明している。なぜ、「藻」がつくのかというと、中国で水草を「あやのある詩文（文藻）」に喩《たと》えたことに由来する。

『懐風藻』は不思議な詩集だ。序文に、「昔の人の残した遺文を見て、清風明月の風流な昔の遊びを思い、偲《しの》び、古人の立派な詩文をいだいて遠い昔を思うと、不覚にも涙があふれ出す」とあり、「近江朝側」から発言しているとすれば、近江朝が大海人皇子に滅ぼされたこと、天智天皇の王統がようやく光仁天皇の時代の復活する、それまでの苦難の歴史をいっているようにも思えてくる。

しかし、一方で逆の立場の人間（要は反近江朝、親天武）が『懐風藻』を編んだ可能性も高い。この漢詩集の特徴の一つに、取り上げられた漢詩が「偏《かたよ》っている」ことが挙げられる。長屋王を中心とする詩苑（サロン）で作られた歌が多いからだ。すでに述べたように、長屋王は藤原四子に追いつめられ、一族滅亡の憂《う》き目に遭《あ》っている。その支持者たちの歌を意図的にかき集めていたとすれば、これを無視することはできない。

ならば、なぜ、近江朝を意識した編者が、「反近江朝」的な長屋王の周辺に集まった人たちの歌に注目したのだろうか。

『日本古典文学大系69　懐風藻　文華秀麗集《ぶんかしゅうれいしゅう》　本朝文粋《ほんちょうもんずい》』（校注　小島憲之《のりゆき》　岩波書店）の解説に、「文学の表現と政治的立場とは必ずしも一致しない」といい、長屋王周辺の詩が多いのは、作者が長屋王と文学的交際を深め、長屋王詩苑の詩群を簡単に手に入れることのできる立場にあった官人だったから、とみなす。つまり、『懐風藻』に政治色はなかったのだといっている。

だが、はたしてそうだろうか。

『懐風藻』は天智天皇を意識しているが、反近江朝側に同情的なのである。ここが複雑なところなのだ。

天智と天武の争いだけ見ていては、『懐風藻』編纂の意味はわからない。この時代の政争の中心軸に、藤原氏を想定するべきなのだ。つまり、天智と天武の確執とは別に、「王家と藤原氏の根深い憎しみあい」があって、それが『懐風藻』に反映されているとしか思えないのである。

天智系でありながら反近江朝的だった淡海三船

『懐風藻』は大津皇子謀反事件を詳しく取り上げ、事件の真相を明らかにしようとしている。そして、大津皇子をべた褒《ぼ》めし、謀反事件について、大津皇子は新羅の僧・行心《ぎょうしん》ら悪い者に近づき、ついに自尽を命じられたこと、才能に恵まれながら、忠孝の道を行ない安らかに身を全《まっと》うできなかったことを「嗚呼《ああ》惜《お》しき哉《かな》」と嘆いている。この記述からして、『懐風藻』の編者は「反近江的」なのだ。

すでに述べたように、『懐風藻』は大津皇子を「太子」と呼んでいる。また、『日本書紀』は大津皇子を天武天皇の第三子といっているが、『懐風藻』は「長子」と断言し、『日本書紀』の記述を無視している。

さらに、『懐風藻』は大津皇子をべた褒めしている。大津皇子の容姿は大きく立派で、器《き》宇峻遠《うしゅんえん》、幼い時から学問に精通し、大人になってからは武芸をよくたしなみ、剣の腕前も人並み以上だった。小さなことにこだわらず、礼節をもって人びとに接したため、多くの者たちが支持したという。

ところで、『日本書紀』も大津皇子を褒めている。文武両道に秀で、詩賦《しふ》の興《おこ》りは、大津皇子に求められるとさえいっている。

ちなみに、中世の『愚管抄《ぐかんしょう》』や『簾中抄《れんちゅうしょう》』は、「大津皇子が世のマツリゴトを仕切っていた」といっている。やはり、大津皇子こそ、天武天皇の後継者だったのだろう。

ならば、なぜ、大津皇子は謀反を企んだというのだろうか。『懐風藻』は、次の新羅僧・行心の言葉を借りて、謎かけをしている。

「太子（大津皇子）の骨相は、人臣の相ではありません。久しく低い立場にあれば、おそらく身を全うすることはできないでしょう」

こうして行心は、大津皇子に謀反を勧めたという。

しかし、『懐風藻』は矛盾している。即位直前の「太子（皇太子）」の大津皇子が「このまま下位にいる」という設定が不可解だ。

『懐風藻』の編者は、『日本書紀』の記述と『懐風藻』の主張を組み合わせ、矛盾点を明確に示すことで、「どちらが正しいかは、みな知っていることだ」と、主張したかったのではあるまいか。

筆者は、『懐風藻』の編者は最有力候補として名の挙がる淡海三船だと考える。この人物は、天智の血を引いていながら、「反近江朝的」だったからだ。たとえば、長屋王は唐の高僧・鑑真《がんじん》の来日に深くかかわっていたが、その事業を継承したのが、淡海三船だった。そして問題は、鑑真が優遇されなかったことである。おそらく藤原氏が、長屋王の手柄を面白く思わなかったのだろう。だから、藤原氏の氏寺・興福寺は鑑真を敵視した。淡海三船はこれに怒り、鑑真がいかに苦労して来日したか、その伝記を記している。それが『唐大和上《とうだいわじょう》東征伝《とうせいでん》』である。

こういうことではなかったか。つまり、淡海三船にとって、もはや天智系と天武系の確執よりも、王家を私物化して権力をもてあそぶ藤原氏そのものを憎んでいたのだろう。天武の王家は藤原権力と戦い抜いたが、淡海三船は「王家と共に藤原と戦う」と心に決め、『懐風藻』を編んだのだろう。

高市皇子の秘密を暴露した『懐風藻』

『懐風藻』は、『日本書紀』が隠した数々の秘密を暴露していると思う。たとえば、壬申の乱（六七二年）で活躍した天武の長子・高市皇子《たけちのみこ》をめぐる問題がある。話は草壁皇子の死に遡《さかのぼ》る。

鸕野讃良と藤原不比等は、草壁皇子の即位を願い、大津皇子を罠にはめて殺した。しかし、蘇我氏を筆頭に、天武朝の遺臣たちは、鸕野讃良らの行動を許さず、草壁皇子の即位はかなわなかったのだろう。ただし、草壁皇子が亡くなったあと、鸕野讃良が玉座を手に入れた（持統天皇）。これも奇妙な話で、鸕野讃良の父親は天智天皇だから、誰も歓迎していなかったはずなのだ。しかも、天武天皇の皇親体制は継続していただろうから、鸕野讃良が独裁権力を握ってしまうことになる。

ところが、ここから先に、奇妙なことがいくつも起きてくるのだ。

まず、鸕野讃良は藤原不比等の私邸を宮にしていたという話があり、これが事実なら、正式に即位していたかどうかも危ぶまれること（味方する者も少なかっただろうから、むしろ当然のようにも思えてくる）。

もし仮に、ある時期、鸕野讃良が天武朝の遺臣たちと手打ちをしたとすれば、それは、高市皇子を太政大臣に指名して（これは『日本書紀』に書かれている）、実権をあずけるという密約が成立した時だろう。

即位した持統天皇は、政務そっちのけで、度を超した吉野通いをしていた。律令整備に無頓着だったわけではなく、実権を高市皇子に授けていた証拠と思われる。新益京《あらましのみやこ》（藤原宮）の造営も、高市皇子の手柄だろう。

ところが、高市皇子は急死してしまう。ここで、歴史の歯車は大きく狂った。持統から孫の軽《かる》皇子へ皇位は譲られたのだ。しかも、すんなり自然に禅譲されたのではない。これには裏がある。

『日本書紀』が抹殺した壮絶な皇位継承会議が、『懐風藻』に記録されているのだ。大友皇子の遺児・葛野王《かどののおおきみ》の歌を紹介する部分に書かれている。

高市皇子の薨去《こうきょ》（死）の直後、急きょ、皇太后（持統天皇）は、皇族や群臣を集め、皇太子を誰にするか、会議を開いた。けれども、「時に群臣各私好《ぐんしんおのがじしこう》を挟《さしはさ》みて、衆議紛紜《しゅうぎふんうん》なり」と、意見が分かれ、混乱してしまった。

ここで謎めくのは、なぜ、高市皇子の死と同時に皇位継承問題が持ち上がったのか、である。

それは、高市皇子が皇太子だったからだろう。「律令整備が終わった暁《あかつき》には、高市皇子に皇位を譲る」と約束して、持統天皇は即位していたのだろう。高市皇子に『日本書紀』は「尊」の尊号を与えている。これは、天皇や天皇に準じる者を意味している。

そこで、紛糾した会議の続きを追ってみよう。

この時、葛野王が次のように言い放った。

「我が国は神代《かみよ》から今まで子孫が皇位を嗣《つ》いできたのに、今、もし兄弟が相続すれば、乱はここから始まるだろう」

この発言も、「高市皇子の兄弟が相続すべきではない」といっていることになる。この会議では、「高市皇子の弟（天武の子）の誰が皇位を継ぐべきか」で紛糾していたのだ。そして、弓削皇子《ゆげのみこ》は葛野王の発言に抗議しようとした。ところが、葛野王が一喝したため、事態は収拾されたという。持統は大いに喜んだようだ。

皇太后其の一言《いちげん》の国を定めしことを嘉《よ》みしたまふ。

と、『懐風藻』は結ぶ。

こうして、持統天皇の孫の軽皇子《かるのみこ》が、立太子に漕《こ》ぎつけたのだ。こののち、藤原不比等は軽皇子に娘の宮子《みやこ》をあてがい、生まれ堕《お》ちた首皇子《おびとのみこ》が即位して聖武天皇となり、藤原氏が初めて外戚の地位を獲得する。

結局、高市皇子の死、その直後の皇位継承問題が、藤原氏の一人勝ちの最初の一歩になっていったわけだ。

もちろん、この裏事情を『日本書紀』は記録しなかった。だから、「藤原嫌い」の『懐風藻』の編者は、「真相を暴露した」のだろう。

第四章のここがポイント！

『万葉集』と『懐風藻』は、和歌と漢詩という違いはあるが、編まれた目的はよく似ていると思う。

藤原氏によって苦しめられた人びとが、藤原氏の歴史書『日本書紀』の嘘を暴こうと、暗号と隠語を駆使して権力者の悪行を告発していたのだ。

藤原氏が一党独裁体制を固めていく中で、豪族、貴族、庶民の苦しみを代弁していたのが『万葉集』で、『懐風藻』は皇族と天皇の悲劇を描写していたのである。

第五章

『古《こ》語《ご》拾《しゅう》遺《い》』と『藤《とう》氏《し》家《か》伝《でん》』が暴く不都合な古代史

「大織冠伝」は『日本書紀』とそっくり

『古事記』、『万葉集』、『先代旧事本紀』、『懐風藻』と、古代文書はことごとく、『日本書紀』を糾弾している。ところが、唯一『藤氏家伝《とうしかでん》』の中臣《なかとみの》（藤原）鎌足《かまたり》にまつわる伝記（「大織冠伝《たいしょくかんでん》」）だけは、『日本書紀』との間に矛盾がほぼない。

歴史学者は、「同じ資料から二つの文書は書かれたのだろう」というが、そんなにややこしいことではない。すでに触れてきたように、『日本書紀』編纂時の権力者は藤原不比等《ふじわらのふひと》で、『日本書紀』は王家のためではなく、藤原氏の正当性を証明するために書かれたのだから、中臣鎌足の伝記と『日本書紀』の記述に矛盾があるはずがなかったのだ。藤原氏の思惑《おもわく》通りに編纂《へんさん》された『日本書紀』を『藤氏家伝』の「大織冠伝」が参考にしたのが、本当のところだろう。

『藤氏家伝』は藤原氏の祖の伝記で、上下二巻からなる。上巻は「大織冠伝（鎌足伝）」で、下巻は「武智麻呂伝」だ。

もともとは「史《ふひと》（藤原不比等）伝」が存在した。また、伏見宮家本には、「貞恵伝《じょうけいでん》」が残されている。藤原鎌足、鎌足の長子・貞慧《じょうけい》、次男・藤原不比等、孫の藤原武智麻呂《むちまろ》の伝記で、上巻の撰者は、冒頭に「大師《たいし》」と記されている。これは武智麻呂の子・藤原仲麻呂（恵美押勝《えみのおしかつ》）だ。大師は唐風の官名で太政大臣を指す。天平宝字《てんぴょうほうじ》二年（七五八）、恵美押勝の奏《そう》によって改められた。この二年後に、孝謙太上天皇が恵美押勝自身を大師に任命している。

おそらく上巻は、天平宝字四年（七六〇）か五年ごろに完成したと思われる。下巻の撰者は奈良時代後期の僧・延慶《えんけい》。延慶の出自は定かではないが、地方豪族出身で藤原南家と親密な関係にあったようだ。鑑真《がんじん》が来日した際、通訳を務めていることから、入唐《にっとう》経験があると思われる。

要は、藤原仲麻呂全盛期に、「藤原氏の栄光の歴史」を記録したのが、『藤氏家伝』だったわけである。

ちなみに、「大織冠伝」は『日本書紀』のみならず、『漢書《かんじょ》』高帝紀《こうていき》も参照しているらしい（『日本書紀』も中国の文書を参考にしているが）。中大兄皇子を前漢王朝の創始者・高祖《こうそ》（高皇帝～在位前二〇二～前一九五年）に、中臣鎌足を高祖の功臣・張良《ちょうりょう》に重ねているからだ。たとえば、「大織冠伝」冒頭の中臣鎌足の出自にまつわる記述は、『漢書』の巻の初めに記された高祖を巡る記述と、構成がそっくりなのである。

つっ込みどころ満載の「大織冠伝」

ここで問題にしたいのは、「大織冠伝」だ。中臣鎌足（内大臣）の出自から話は始まる。出だしの部分を訳しておこう。

内大臣《うちつおおおみ》（中臣鎌足）の諱《いみな》は鎌足、字《あざな》は仲郎《ちゅうろう》。大倭国高市郡《やまとのくにたけちのこおり》（奈良盆地南部～高取町、明日香村、橿原《かしはら》市、大和高田市、御所市の一部）の人だ。天児屋根命《あめのこやねのみこと》（神話に登場する）の末裔で、代々天地の祭り（神祇祭祀《じんぎさいし》）を掌《つかさど》り、人と神の間をとりもった（相《あ》ひ和《わ》せり）。そのため、「大中臣《おおなかとみ》」と命名された。大臣（中臣鎌足）は美気祜卿《みけこのまへつきみ》（『新撰姓氏録《しんせんしょうじろく》』などには中臣御食子《みけこ》）の長子で、母を大伴夫人《おおとものおおとじ》という。推古三十四年（六二六）に藤原之第《ふぢはらのてい》（明日香村小原《おおはら》）に生まれた。初め、大臣は母親のお腹《なか》の中にあった時、その泣き声が外に聞こえてきた（中国の文書にもある貴人の異常出生譚《たん》）。十二ヵ月かかって、生まれてきた（これも異常出生譚～応神天皇の例もあるが、やはり中国の文書を参照したのだろう）。外祖母（大伴夫人の母）は大伴夫人に、「この子は常の人とは異なっている。非凡の子で、必ず神功《しんくう》（人の力の及ばないような功績）があるだろう」と語り、大伴夫人自身も、内心そう思っていた。出産時の苦しみもなく、わけもなく生まれた。

つっ込みどころ満載の記述だ。

まず、右に記した部分だけは『日本書紀』と大きく異なっている。というのも、『日本書紀』は中臣鎌足の出自をまったく語っていないからだ。中臣鎌足は古代史最大の英雄で、藤原不比等が『日本書紀』編纂の中心に立っていたのに、父母の名が正史に記録されていない。これは、じつに不可解なことなのだ。そして、この謎を埋めるように、「大織冠伝」は、「父は中臣美気祜（御食子）」といっている。これが、舒明即位前紀に「ちょい役」で二度だけ登場する中臣連弥気《なかとみのむらじみけ》だ。推古天皇崩御に際し、誰を後継者に指名したのかわからず混乱し、山背大兄王《やましろのおおえのみこ》が一悶着《ひともんちゃく》起こす場面だ。中臣連弥気は、自主的に問題解決に乗り出しているわけではない。要は、使いっ走りのような役目だ。そして、問題なのは『日本書紀』のどこを読んでも、中臣連弥気が中臣鎌足の父と、明記していないことだ。のちの文書が「中臣御食子（美気祜）が鎌足の父」といっているだけなのだ。これが、じつに怪しい。母親の大伴夫人も、『日本書紀』には登場しない。しかも、「大伴系の女性」というあいまいな名前を使わざるをえなかったとすれば、その実在性が危ぶまれる。名門豪族大伴氏の権威を利用しようとしただけなのだろう。

蘇我入鹿はすごかったが、中臣鎌足はもっとすごかった?

中臣鎌足の末裔の藤原氏は、八世紀以降、ほぼ朝廷を独占、私物化した。明治維新後、藤原北家の末裔は華族に持ち上げられ、新たな閨閥《けいばつ》の「核」として復活、今に続いている。政財界、神道界、仏教界、史学界にも、隠然たる力を及ぼし続けているのだ。もしかして史学者たちは、「藤原の歴史は得体のしれないブラックボックス」、「近寄りがたいアンタッチャブル」と、うなずき合っているのではあるまいか。「あの中臣鎌足の父母の名が『日本書紀』にない!!」と、なぜ大騒ぎしないのだろうか。

律令整備に邁進《まいしん》した蘇我氏や物部氏を排除し、気にくわない人びとは冤罪で殺し、優秀で邪魔な政敵は、一家全滅に追いやらなければ気のすまない藤原氏を、なぜ、これまで史学者たちは、「古代史の英雄」と持ち上げてきたのだろうか。

『日本書紀』の中臣鎌足の初出は乙巳《いっし》の変（六四五年）の前年の皇極三年（六四四）正月で、神祇伯《じんぎはく》を拝したが、何度も固辞し、体調が悪いと偽《いつわ》って三島（河内国三島郡）に隠居したとあるのみだ。しかも、ここでは「中臣鎌子連《かまこのむらじ》」の名で登場している。もちろん、どこの馬の骨だかわからない。父母の名も出てこない。無位無官の鎌子が、なぜ、一気に神祇祭祀のトップに引き上げられたのか、その理由もわからない。第一、この時代に神祇伯などという職掌はなかった。何もかもが胡散臭い。

一方、「大織冠伝」はここから『日本書紀』の記述だけでは不満だったのか、過剰な中臣鎌足礼讃を始める。

大臣の人となりは「仁孝（他者への思いやりがあり、親によく尽くす）」で、聡明叡哲《えいてつ》（頭がよい）で先をよく見通す力があった。幼くして学問を好み、書物を読みあさり、つねに『六韜《りくとう》』（兵書）を何度も読まないのに暗記してしまった。立派で雅《みやび》で、風貌も優《すぐ》れていた。前から見れば仰《あお》ぐようで、後ろから見れば拝《おが》むような気にさせる。ある人が「意気盛んな雄々しい男を常に二人従えているような風格があります」と語った……。

非の打ち所のない英雄像だ。『日本書紀』もここまで褒めていない。
問題は、次の一節だ。「近臣《きんしん》（天皇に寵愛された侍臣）宗我按作《そがのくらつくり》（鞍作～蘇我入鹿）」が登場し、褒めているのか、けなしているのかわからない記述が続き、そのあと、旻法師《みんほうし》のもとに、有力者が集まり、勉学に励《はげ》んでいたことが記録されている。ある時、中臣鎌足が遅れていくと、蘇我入鹿がわざわざ立ち上がり、対等の礼をし、隣に座ったこと、旻法師は大臣に、「私のところにやってきて学ぶ者の中で、宗我太郎《そがのたいろう》（蘇我の長子～蘇我入鹿）にかなう者はいない。しかし、あなたは、見識が優れ、のちに大事をなす奇相の持ち主だから、自愛しなさい」と、述べた……。

ここでは、「蘇我入鹿もすごかった」と認めている。「蘇我入鹿よりも優れていた中臣鎌足は、どれだけ偉いんだ？」と奇妙な比較をしている。何やら、藪蛇《やぶへび》のようにも思えてくる。蘇我入鹿が「できる男」だったことを、「大織冠伝」は認めているのだ。もっとも、だからこそ、暗殺の標的になったのだが……。

なぜ、『日本書紀』は中臣鎌足の出自を示すことができなかったのか

「大織冠伝」のこのあとの記述は、『日本書紀』とほぼ同じだ。だから、「大織冠伝」の目的は中臣鎌足を思う存分褒め称えることと、中臣鎌足の父母の名を明らかにすることと察しがつく。

そこで問題となってくるのは、なぜ、『日本書紀』は中臣鎌足の出自を明確にできなかったのかだ。「大織冠伝」の主張は嘘で、中臣鎌足の父母は「明らかにしてはいけない誰か」だったのではあるまいか。

『日本書紀』神話に、中臣氏の祖神が登場する。天上界（高天原《たかまのはら》）でスサノヲが狼藉を働き、怒った太陽神・天照大神《あまてらすおおみかみ》が、天石窟《あまのいわや》（天の岩戸）に閉じこもり、この世はまっ暗になってしまった。神々は相談し、天照大神をおびき出すのだが、ここで活躍する天児屋命《あまのこやねのみこと》が、中臣氏の祖だ。中臣氏の祖神を祀る河内国一の宮・枚岡《ひらおか》神社（東大阪市）の祭神は当然、天児屋命である。

ところが、ここで不可解なことが起きる。全盛期の藤原氏は、なぜか常陸《ひたち》の鹿島神宮（茨

天照大神が姿を現わす「天岩戸伝説」のクライマックス（歌川国貞）

城県鹿嶋市）と下総の香取《かとり》神宮（千葉県香取市）から、本来中臣氏とは関係のなかった経津主神《ふつぬしのかみ》と武甕槌神《たけみかづちのかみ》の二柱の神を勧請《かんじん》し、春日《かすが》大社の主祭神に据《す》えてしまったのだ。平安時代後期に書かれた歴史物語『大鏡《おおかがみ》』は、「鎌子＝中臣鎌足は、常陸国で生まれた」と記録し、今でも「中臣鎌足＝鹿島神宮の神官」説は、根強いものがある。しかし、どうにも納得できない。

　鹿島と香取の二柱の神は出雲の国譲り神話で大活躍するが、経津主神は物部氏の、武甕槌神は尾張氏の祀る神とする説がある。どちらの氏族も古代を代表する大豪族で、しかも、没落した者たちだ。おそらく、藤原（中臣）氏は彼らの氏神《うじがみ》を横取りし、権威づけをしたのだろう。それはなぜかといえば、中臣氏の家格が低かったからに違いない。しかし、自身の祖神をさし置いて、他者の祭神を尊ぶことなど、起こりうるのだろうか。

そこで気になるのは、『日本書紀』と「大織冠伝」では、中臣鎌足の登場した時期がずれてくることだ。

『日本書紀』は、皇極三年（六四四）に中臣鎌足を登場させた。しかし、「大織冠伝」はもっと早い。舒明天皇（在位六二九～六四一年）は治政の初めに「良家の子に錦冠《きんのかがふり》を授けた」が、この時、中臣鎌足は固辞したとある。

あらためて確認しておくが、「大織冠伝」は、『日本書紀』のあとにできている。正式な歴史書の記述を、「大織冠伝」はあえて否定したことになる。これはいったい、どういうことなのだろうか。

中臣鎌足は人質として来日していた百済王子・豊璋？

藤原氏は、どう考えても成り上がり者だが、これには裏があると思う。中臣鎌足の正体は、人質《ひとじち》として来日していた豊璋《ほうしょう》ではなかったか。

そう思う理由は、いくつもある。

『日本書紀』によれば、舒明《じょめい》三年（六三一）三月、百済《くだら》の義慈王《ぎじおう》の子・豊璋が人質として来日したとある。そのあとに、中臣鎌足が『日本書紀』に登場する。しかし、もし「大織冠伝」の証言を受け入れるなら、中臣鎌足は、豊璋来日以前から、日本列島に暮らしていたことになる。これは「大織冠伝」のアリバイ工作ではあるまいか。つまり、中臣鎌足が豊璋であった証拠を、隠滅したかったのではあるまいか。

中臣鎌足は、豊璋が日本を離れると、歴史から姿をくらましてしまった。経緯は以下の通りである。滅亡した百済は再起を図り、日本に援軍を求めてくる。斉明七年（六六一）九月、中大兄皇子は豊璋に「織冠」を授けたうえで、本国に送り返した。そして、遠征軍を送り込むが、唐《とう》と新羅《しらぎ》の連合軍の前に大敗北を喫する。これが白村江《はくすきのえ》の戦い（六六三年）だ。豊璋は、百済の同盟国・高句麗《こうくり》に逃げたと『日本書紀』はいっているが、朝鮮半島側の『三国史記《さんごくしき》』に、「豊璋は行方不明になった」とある。豊璋は日本で三十年暮らしていて、日本の水軍の中に紛《まぎ》れ込んでいたのだから、日本に逃げるのが自然である。

一方、中臣鎌足はこの間、『日本書紀』から姿をくらましている。再登場は敗戦の翌年、天智三年（六六四）のことだ。これは、あまりに不自然ではないか。ちなみに、「大織冠伝」はここでも「中臣鎌足はいた」といい張っている。高句麗の王が中臣鎌足に手紙を送り、

「国の棟梁《とうりょう》」だと、おだてたとある。そこまで重要な役割を果たしていたのなら、なぜ、藤原不比等の強い意思が働いた『日本書紀』の中で、中臣鎌足が軍功を挙げなかったのだろうか。

中大兄皇子の人生最大のピンチであり、それどころが、日本が危うく滅亡してしまうというその時、中臣鎌足はいったい何をしていたのか。中臣鎌足は、本来の豊璋の姿に戻っていたと考えれば、すべての謎が解けてくる。

中臣鎌足は豊璋だった？

中臣鎌足が豊璋だった証拠は、いくつもある。たとえば、豊璋は本国に戻った時、優秀な味方の将軍の人気の高さに嫉妬し、「謀反の疑いあり」と称して殺してしまった（こんな男が王なら、百済は滅びるのも当然だ）。その時、豊璋は死体から首を切り取り、「醢《すし》」にしている。塩漬けにして罪人のように曝《さら》したのだ。この風習は日本にはなかったが、蘇我倉山田石川麻呂が殺された時、同じことをされた（拙著『藤原氏の正体』新潮社)。豊璋(中臣鎌足)が中大兄皇子に知恵を授けたと思われる。

藤原氏が朝堂を牛耳るようになると、朝鮮半島の新羅を敵視する外交政策を展開していく。また、新羅系、高句麗系、百済系の渡来人の中で、都の近くに住めたのは百済人で、他は皆、地方に移住させられた。藤原氏が百済出身と考えると、辻褄が合ってくる。

藤原不比等が関与したと思われる『日本書紀』は、「親百済派の歴史書」で、『古事記』は親新羅なのだ。

ここに至ると、この二つの歴史書の「外交にまつわる意識の差」は、大きな意味を持っていたことがわかってくる。

そして、「大織冠伝」は中臣鎌足が「日本人であること」を強調するために、父母の名を掲げたのだろう。

『古語拾遺』は藤原氏を糾弾する文書

『古語拾遺』は、中臣(藤原)氏を糾弾する目的で書かれた文書だ。

大同二年（八〇七）二月十三日、八十一歳の斎部《いんべ》（忌部～以下、忌部で統一）広成《ひろなり》は、「このまま死んでは、恨みをあの世まで持っていくことになってしまう（恨を地下《したつくに》に含まん）」と、述べている。

また、序の中で、「つもりにつもった憤慨をぶちまけたい」といっている。いったい、忌部広成は何を恨み、何に怒っていたのだろうか。これだけハッキリと不満を表現している文書も珍しい。

序文には、興味深いことが記されている。「文字を知らない太古の人びとは、高貴な者もそうでない者も、老いも若きも、伝承を語り継ぎ、過去の出来事や人の言葉を忘れることはなかった。しかし、文字を知ってから、むしろ昔のことを談義することはなくなってしまった。古い話をする老人を馬鹿にする風潮もある」と嘆いている。それどころか、国史や氏族の伝承を読んでも、儀式や慣習の根源を知ることはできなくなってしまったと指摘している。だから、忌部氏に伝わる話をここに残しておきたい、というのである。

忌部氏は、中臣氏と並んで宮廷祭祀で重要な役割を果たしていた。本貫地《ほんかんち》は奈良県橿原《かしはら》市忌部町だ。五世紀後半ごろから頭角を現し、大嘗祭《だいじょうさい》にも深くかかわった。大化前代に蘇我氏と密接な関係を構築していた。

神話の天石窟《あまのいわや》に天照大神が閉じこもった場面で（『日本書紀』神代上第七段正文）、中臣氏と忌部氏の祖神が並んで登場している。「中臣連が遠祖天児屋命《あめのこやねのみこと》、忌部が遠祖太玉命《ふとだまのみこと》」が、天香具山の五百箇真坂樹《いおつまさかき》を根っこごと掘り出し、神宝で飾ったという話だ。順番は中臣の祖神が先だが、同じ役目を演じている。

『古語拾遺』に描かれた神話には、もちろん忌部氏の祖神が早々と登場している。天地の初め、天御中主神《あめのみなかぬしのかみ》が生まれ、次に高皇産霊神《たかみむすびのかみ》、神産霊神《かみむすびのかみ》が生まれた。高皇産霊神から生まれた女子は栲幡千千姫命《たくはたちぢひめのみこと》で、男子は大伴氏の祖・天忍日命《あめのおしひのみこと》と斎部宿禰《すくね》の祖・天太玉命《あめのふとだまのみこと》だったとある。また、天太玉命が率《ひき》いる神は、阿波国（徳島県）の忌部氏の祖・天日鷲命《あめのひわしのみこと》、讃岐国《さぬきのくに》（香川県）の忌部氏の祖・手置帆負命《たおきほおいのみこと》、紀伊国（和歌山県）の忌部氏の祖・彦狭知命《ひこさしりのみこと》、出雲国（島根県東部）の玉作《たまつくり》氏の祖・櫛明玉命《くしあかるたまのみこと》、筑紫（福岡県）と伊勢（三重県）の二つの国の忌部氏の祖・天目一箇命《あめのまひとつのみこと》だ。

忌部氏の祖神が中臣氏とではなく、大伴氏の祖神と並んで登場していることは、無視できない。また、兄弟として記録されている。しかも、忌部氏の一族が「海の要衝」に散らばっていることは、大きな意味を持っていると思う。

筆者は、大伴氏を九州の縄文系の海人の末裔とみる。しかも、彼らは南方（スンダランド）

からやってきた人びとだ（拙著『大伴氏の正体』）。ヤマトの王家の祖は、建国以前、九州で苦難の時代を過ごし、大伴氏はともに耐え、手を携《たずさ》えて東に向かい、だからこそ、強い絆でつながっていたとみるが、忌部氏も大伴氏とともに、九州からやってきたのではないかと思えてくる。

神道界の主導権争いが『古語拾遺』を生んだ

『古語拾遺《こごしゅうい》』が編まれるきっかけは、忌部氏と中臣氏による神道界の主導権争いだ。伊勢神宮への幣帛使《へいはくし》をどちらが務めるかで、暗闘が繰り広げられていた。

『続日本紀《しょくにほんぎ》』天平七年（七三五）七月二十七日条に、忌部宿禰虫名《いんべのすくねのむしな》らが訴えを受けて幣帛使は忌部氏に委《ゆだ》ねることにしたとある。ところが、天平宝字元年（七五七）六月十七日条に、「伊勢大神宮の幣帛使は今後、中臣朝臣《あそみ》を遣《つか》わせよ。他の姓の人を用いてはならない」と決められている。しかし、これで主導権争いは終わらなかったようだ。

『続日本紀』には、天平宝字二年（七五八）八月、同三年十月以後、忌部氏が奉幣使《ほうへいし》に任命されたとある。そして、『日本後紀《にほんこうき》』大同元年（八〇六）八月条に、忌部と中臣が争っていたこと、中臣氏は、「忌部のやつらは、ただ幣帛を作っていただけだ」と主張し、忌部氏は反発し、「奉幣祈禱《ほうへいきとう》は忌部の職」と主張してやまなかった。このやりとりを経て、『古語拾遺』が生まれた。

『古語拾遺』は、当然のことながら、忌部氏の祖神やその活躍を大々的に取り上げている。印象に残る記述を取り上げてみよう。

まずは天石窟神話だ。計略を練った思兼神《おもいかねのかみ》は、太玉命（忌部氏の祖神）に、神々を率いさせ、神の御心を和《なご》ませるものを造らせた。それらの物を太玉命が捧《ささ》げ持ち、天児屋命（中臣氏の祖神）には、一緒に祈禱させたとある。明らかに忌部氏が中臣氏の上に立っている。

初代神武天皇がヤマトの橿原に宮を建てた時は、太玉命の孫・天富命《あめのとみのみこと》が先頭に立って活躍した。天富命は一族を率いて、数々の神宝を造らせた。また、天富命は新たな土地を求めて、阿波《あわ》の一族を割いて、東国に移住して、麻や穀物を植えた。麻がよく生産できたので、総国《ふさのくに》（千葉県）とし、阿波忌部が移った土地を「安房《あわ》国（南房総）」と呼んだ。忌部氏は、東国の開拓にも関与し、しかも「水運の要衝」をおさえていたことがわかる。

天皇家のもっとも大切な、即位や大嘗祭にも、忌部氏はかかわっていたと記録している。

神武天皇が即位された時、大伴氏の祖・日臣命《ひのおみのみこと》が来目部《くめべ》を率いて宮を護り、御門《みかど》の開閉を掌《つかさど》った。饒速日命《にぎはやひのみこと》（物部氏の祖）は物部を率いて、矛《ほこ》・盾《たて》を作り、大嘗祭に備えた。準備が整うと、天富命は忌部の諸氏を率い、天璽《あまのしるし》の鏡と剣を捧げ持ち、正殿に安置し、忌部の玉を宮の四隅にかけ、幣帛を捧げ、大殿祭の祝詞《のりと》を奏上した……。ここに、中臣氏の祖は、登場しない。

実在の初代王と目されている第十代崇神《すじん》天皇の時代にも、忌部氏の祖は活躍している。崇神天皇は忌部氏に石凝姥神《いしこりどめのかみ》の末裔と天目一箇神《あめのまひとつのかみ》の末裔を率いさせ、鏡と剣を造らせた。これを天皇警護の御璽《みしるし》とし、天皇践祚《せんそ》の際に献上させる剣と鏡がこれだとある。

忌部氏の活躍と中臣氏の横暴

話は孝徳天皇の時代に下る。大化改新（六四六年）の直後の政権のことだ。諱部《いみべの》首作斯《おびとさかし》（忌部）を祠官頭《かんづかさのかみ》（律令時代の神祇伯に相当する）に任命し、王族と宮内の礼儀や婚姻、卜筮《ぼくぜい》（吉凶を占う）を職掌として継承させようとしたが、子孫はこれを継がなかった……。

天平年中（聖武天皇の治政下）に至り、神名帳を製作したが、中臣氏が権勢をほしいままにして勝手に取捨してしまった。中臣氏に縁ある者は、小さな社でもみな班幣に列なり（有《あ》り体《てい》にいえば、朝廷が運営資金を提供した）、縁のない者は、大きな社でも無視された。奉幣と祝詞奏上は、中臣氏に独占されてしまった。諸々の社の税は、すべて中臣一門の収入になってしまった……。

このように、歴史時代の忌部氏の活躍と中臣氏の専横を述べたあと、忌部広成は、「遺《も》りたる（遺れてしまったこと）」を十一ヵ条掲げている。その中で気になる二つの項目を挙げておく。

「遺りたる三」は、天照大神と伊勢神宮の話だ。

もともと神話の時代から中臣と忌部が日神（天照大神）を祀っていた。また、猨女《さるめ》氏《し》の祖も、天石窟で活躍をした。ところが、伊勢の宮司には中臣氏だけが任命されて、他の二氏は除《の》け者にされている（ちなみに、現在でも中臣系が神道界に君臨しているのだが）。

「遺りたる五」は、殿祭《おおとのほかい》と門祭《みかどほかい》（宮殿の安泰を祝福し、宮門を祀る祝詞）は、もともと太玉命がお仕えしてきた儀礼で、忌部氏の職掌だった。ところが、中臣氏と忌部氏が神祇官に任命され、ともにお仕えしてきた。しかし、宝亀年中（七七〇〜七八一年）に中臣朝臣常《なかとみのあそみつね》が、勝手に奏詞《そうし》（天皇に申し上げる言葉）を改め、「忌部氏を率いて中臣氏が御門でお待ちしております」と奏上するようになってしまった、というのである。

忌部氏の命運は、どこか大伴氏と似ている。忌部氏が神話の時代から王家とかかわりを持ち、しかも大伴氏とつながっていた。すでに述べたように、大伴氏は縄文の海人の末裔と思われるが、忌部氏も海と深くかかわっていた、と『古語拾遺』がこっそりと告げている。これは軽視できない。

ヤマト建国以前から九州に王家と大伴氏や忌部氏が苦難を共にしたとすれば、誇りをいだき続けただろうし、新参者の藤原氏のやり方に怒り、恨んだことだろう。

忌部氏の祖は『日本書紀』の神話に登場するが、生身の「忌部さん」の出現は、壬申の乱（六七二年）まで待たねばならない。藤原不比等は、忌部氏の栄光の歴史を奪い去ってしまったのだろう。斎部広成は、もっと多くの「真実」を語りたかっただろう。

われわれは、その「無念」を感じとる必要がある。

第五章のここがポイント！

古代日本は、物部氏と蘇我氏を中心に、改革の道のりを歩み始めていた。しかし、百済王子・豊璋（中臣鎌足）と子の藤原不比等が、私利私欲と生き残りのために、物部氏と蘇我氏の行動を妨害し、多くの優秀な人材を葬ってきた。

そして、藤原氏だけが栄える時代が到来したのだ。

その間の行動を、藤原氏は『日本書紀』や『藤氏家伝』を利用して正当化し、理不尽な扱いを受けた人びとは藤原氏を糾弾した。その代表的な文書が『古語拾遺』だったのである。

第六章

『竹取物語《たけとりものがたり》』と『御伽草子《おとぎぞうし》』が暴く不都合な古代史

『竹取物語』の登場人物で「くらもちの皇子」だけが藤原不比等に似ていない件

紫式部《むらさきしきぶ》は『竹取物語《たけとりものがたり》』を「物語の出で来《いでき》はじめの祖《おや》」と称《たた》えたが、ただのお伽話《とぎばなし》ではない。江戸時代の国学者・加納諸平《かのうもろひら》は、かぐや姫に求婚する貴公子たちが、実在したのではないかと疑った。『公卿補任《くぎょうぶにん》』（古代の官僚名簿）の文武《もんむ》五年（七〇一）条に登場する高官たちにそっくりだからだ。対比してみるとよくわかる。上が『竹取物語』、下が『公卿補任』に載る名と官位だ。そっくりなのは（2）～（4）で、（1）の場合、まったく無関係に見えるが、多治比嶋《たじひのしま》の一族に石作氏《いしづくりし》がいて、似ている。

（1）石つくり（作）の御子		左大臣	多治比嶋《たじひのしま》
（2）右大臣	あべのみむらじ	右大臣	阿倍御主人《あべのみうし》
（3）大納言	大伴のみゆき	大納言	大伴御行《おおとものみゆき》
（4）中納言	いそのかみまろたり	大納言	石上麻呂《いそのかみのまろ》
（5）くらもちの皇子		大納言	藤原不比等《ふじわらのふひと》

問題は（5）で、藤原不比等の母が車持氏《くるまもち》だから、「くるまもち」と「くらもち」が似ていると加納諸平は指摘した。

一方、史学者の多くは加納諸平の考えを否定している。確かに似ている人物は登場しているが、だからといって、『竹取物語』の物語と歴史を混同してはならないと考える。第一、「くらもちの皇子」と「くるまもち（車持）」は、似ても似つかないと、指摘するのだ。

しかし、もし物語の設定が文武五年と仮定できるなら、ここに作者の「本当にいいたかったこと」が見えてくるはずだ。藤原不比等が急速に力をつけ、九年後には藤原氏のための新都＝平城京遷都を敢行し、石上麻呂を旧都に捨て去ってしまうという、ちょうど「激動の時代の物語」にほかならない。そして、これから述べるように、「くらもちの皇子の汚《きたな》い手口」に、かぐや姫は閉口し、「いやでいやでたまらない」といってのけ、しかも物語のクライマックスでかぐや姫を迎えにやってきた月の都の天人は、

「いざ、かぐや姫。穢《きたな》き所にいかでか久しくおはせむ」

と、「こんなに穢《けが》れた世の中に長居は無用です」と、「藤原の世」を罵《ののし》っているのである。これは無視できない。

神がかったかぐや姫

物語は、「いまは昔、竹取の翁《おきな》といふもの有りけり」と始まる。名は「さかきの翁」だ。「竹」と「榊」は神事に用いる植物だから、話は最初から神がかっている。

竹取の翁がいつも通り竹を伐《き》っていると、竹の中に一筋の光がさした。かぐや姫が生まれたのだ。身の丈《たけ》は三寸《さんずん》で、子供がいない翁と嫗《おうな》は、籠《かご》の中でかぐや姫を育てた。「籠」も神事には欠かせないから、やはり神がかった話とわかる。

かぐや姫は三ヵ月で立派な乙女に成長した。光り輝き、その美貌は世間の噂となり、多くの人が「嫁にほしい」といい寄るが、かぐや姫は首を縦に振らなかった。

そこで、例の五人の貴公子が登場する。かぐや姫は無理難題を押しつけ、撃退する。そして、最後に帝《みかど》（天皇）も「入内《じゅだい》するように」と命じ、人をさし向け、強引に連れ去ろうとすると、かぐや姫は「私はこの国の人ではない」といい、影になって消えてしまったのだ。

そして、三年後の八月十五日の中秋の名月の晩、月から迎えが来て、かぐや姫は帰って行く……。

これが、『竹取物語』のあらすじだ。

話の中心は、五人の貴公子とのやりとりだ。貴公子たちはかぐや姫の要求を真に受け、さんざん苦労した挙げ句、挫折する。しかし、その中でも「くらもちの皇子」の存在が印象深い。卑怯な手口を使って、かぐや姫を我が物にしようとした。

翁と嫗に手厚く育てられるかぐや姫（コスモポリタン美術館蔵）

くらもちの皇子をめぐる説話の始まりは「心たばかりある人にて」と、最初から「くらもちの皇子は策略好き。人をよく騙《だま》す」と、手厳しい。

かぐや姫は、くらもちの皇子に「東の

海に蓬萊山《ほうらいさん》があって、そこには銀を根にし、金を茎《くき》とし、白い玉を実にする木があるという。それをとってきてほしい」と要求した。くらもちの皇子は、さっそく「筑紫《つくし》の国（九州）に湯浴《ゆあみ》に行ってきます」と朝廷に報告し、かぐや姫の家には「玉の枝をとりに出かけます」と告げた。お仕えする者は難波《なにわ》まで見送り、わずかなお供を連れ、船に乗り、西に向かい、三日後に難波に戻ってくる。腕利きの鍛冶《かじ》の工人を六人雇い、秘密の工場を建て、そこに籠《こ》もって「玉の枝」を造らせようとしたのである。

やがて「玉の枝」が完成すると、疲れ切ったという芝居をしながら難波に戻った。噂はかぐや姫の耳に入った。

「この皇子に、私は負けてしまうのだろうか」

と、ひどく悲しみ、胸がつぶれてしまいそうだった。くらもちの皇子は翁の館に「旅の姿のまま、駆けつけました」という。翁に「命がけで、玉の枝をとってまいりました」と報告し、「早くかぐや姫を……」と急《せ》かす。翁はかぐや姫に「この皇子にお逢いなさい」と勧める。かぐや姫は頬杖《ほおづえ》をついたまま、沈痛な面持《おもも》ちだった。それでも翁は、玉の枝をいたく気に入り、「寝室の用意」まで始める始末。くらもちの皇子は、翁にどれだけ苦労して玉の枝を手に入れたかを自慢する。

謀略好きな「くらもちの皇子」は藤原不比等？

するとその時、六人の男たちが館に押しかけてきた。その中の漢部内麻呂《あやべのうちまろ》なる工人の頭《かしら》が、かぐや姫に金の無心をする。

「私たちは、玉の枝を造るために奉仕して参りました。食事もろくにせず、千余日の間、がんばってきました。それなのに、いまだに工賃をもらっていません。工賃をいただき、手下の者に分けてやりたいのです」

漢部内麻呂の手紙には、次のようにあった。

「くらもちの皇子は、われわれ身分の賤《いや》しいものと共に同じ場所に暮らし、玉の枝ができれば、官位も下《くだ》さるとおっしゃいました。よくよく考えれば、皇子の奥方となられる姫がこの玉の枝を求められたのですから、このお宅から工賃をいただこうと思います」

工人たちは口々に、「賜《たまわ》りますように」という。かぐや姫は、気鬱《きうつ》が晴れ、愉快になり、「あきれたニセモノ」と語り、玉の枝をつき返すと、くらもちの皇子は狼狽《ろうばい》し、こっそりと館を出て行ってしまった。

かぐや姫は工人を呼び寄せ、「うれしい人びとである」と、褒美と工賃をたくさん賜った。工人たちも喜んで帰って行ったが、くらもちの皇子は待ち伏せし、工人たちを血の出るまで叩きのめし、工賃を奪ってしまう。くらもちの皇子は、

「一生涯の恥辱を味わった。女を得られなかっただけではなく、世間に恥をかいた」

と捨て台詞を残して、深い山にこもって、その後、行方不明になった……。

ここに登場する工人、漢部なにがしの「漢部」は、蘇我氏を支えた渡来系のテクノクラート「東漢氏《やまとのあや》」を連想する。そして、藤原氏は蘇我氏の改革事業の業績を横取りし、旧豪族を卑怯な手口で潰していったのだから、くらもちの皇子は、藤原氏や藤原不比等によく似ていることがわかる。これは、偶然ではあるまい。

そもそも、なぜ、くらもちの皇子に限って、名が似ていなかったのかといえば、「藤原氏が強権を握る社会の中にあって、藤原不比等を馬鹿にする本を書けば、命さえなくしてしまうから」だろう。藤原不比等だけが、話の準主役の人物と名が一致しないのは、むしろ当然のことだったのだ。「くらもちの皇子」と藤原不比等の名が重ならないところに、かえってリアリティを感じてしまうのである。

かぐや姫はやがて、「穢き世（藤原の世）」から月の都に戻っていく。帝は、かぐや姫から

不老長寿の薬を贈られたが、「かぐや姫が去ったこの世で、長生きして何の意味があろうか」と、薬を富士山の頂《いただき》で燃やしてしまう。帝ですら、藤原の世を呪っていたのだ。

藤原氏が栄え、天皇は「藤原の繁栄を維持するための道具」に過ぎなくなっていたのだ。しばらく天皇はおとなしくしていたが、やがて武士が台頭してくると、太上天皇（院）が実権を握り返し、藤原摂関家と対峙し、死闘を演じていくのである。

『御伽草子』に隠された太古の日本

『日本書紀』や『続日本紀』が抹殺してしまった本当の歴史を、多くの人たちがあの手この手を使って、暴露している。室町時代に原型が生まれ、江戸時代に今日の形になった『御伽《おとぎ》草子《ぞうし》』にも、「太古《たいこ》の人間が語り継いできた歴史の裏側」が隠されていた。

たとえば、「酒呑童子《しゅてんどうじ》」の話は太古の信仰を今日に伝えている。丹波《たんば》国大江山《おおえやま》に住む鬼神（酒呑童子）は、京の都に出没し、女人をさらっていった。そこで、帝は鬼退治を決断し、源頼光《みなもとのよりみつ》をさし向ける。同行した四天王の一人が坂田公時《さかたきんとき》（金時）で、これが箱根の足柄山《あしがらやま》

大江山の酒呑童子を退治する源頼光主従（歌川芳艶）

の金太郎のモデルだ。金太郎は鉞《まさかり》をかつぎ、熊にまたがり、童子（子供）なのに酒を飲み、赤ら顔だったという。

酒呑童子＝疫病《えきびょう》（疱瘡《ほうそう》）説が有力視されている。大江山は都から見て西北の位置にあり、その方角から吹いてくる風を「タマカゼ・アナジ」と呼び、悪い気を運んでくると都人は信じていた。また、酒呑童子が住んでいたのは大江山の岩穴の先で、それは竜宮城であり、酒呑童子は「水の神」とする説もある（『酒呑童子の誕生』高橋昌明　中公新書）。陰陽五行説では、「金は水に克《か》つ」のだから、水・酒呑童子を金・坂田公時（金太郎）がやっつけたという話につながるわけだ。

もう一つ、興味深いのは酒呑童子と金太郎がよく似ていることだ。金太郎は山姥《やまうば》の子だが、酒呑童子も山姥らしき女神に囲まれている。山姥は「食わず女房」の主人公にもなったように、口が大きく裂け（頭の上が口の場合もある）、子供をも喰らってしまう大食漢の鬼だが、多産で地母神《ちぼしん》の性格を帯びる豊穣の女神でもある。ちなみに、昭和の世に流行《はや》った「口裂《くちさ》け女伝説」は、まさに山姥で、民族の「語り継ぐ潜在能力」には驚かされる。鬼でもあるが神でもあるという考えが、多神教的である。ヤマトの王家は祟《たた》る鬼を祀《まつ》るために九州から連れて来られて祭司王になったというのが、筆者の推理だが、祟る鬼を祀る大王（天皇）もまた鬼だから、恐ろしかったのだ。何十万という大軍をかかえていた武士団が、錦《にしき》の御旗《みはた》に震え上がった理由も、すっきりとわかってくる。天皇は神であり鬼でもあった。そして、「神」とは災いをもたらす大自然そのものなのである。

また、酒呑童子も金太郎も、どちらも童子だが、第三章の『元興寺伽藍縁起幷流記資財帳』のところで説明したように、童子は鬼で、鬼退治の鬼は、童子＝鬼でなければならなかった。お伽話の真相を知れば、神道と天皇の意味がわかってくるのである。

化け物風情と親に罵られていた一寸法師

一寸法師《いっすんぼうし》も、無視できない。

その昔、難波《なにわ》（大阪）の里に年老いた夫婦が暮らしていた。妻は四十歳になっても子ができず、住吉大社《すみよし》（大阪市住吉区）に願掛けをしたところ、大明神は哀れに思い、子を授けた。しかし、いつまでたっても背が伸びないため、一寸法師と名づけた。十二年、十三年と年月を重ね、「こいつは化け物風情か何かだろう」と、捨てようとした。親の気持ちを察した一寸法師は、自ら京に旅立った。この時、乗っていたのがお椀《わん》で、箸《はし》の櫂《かい》で漕《こ》いだ。高貴なお方（三条の宰相殿）の館で芝居を打ち、騙して姫君を手に入れた一寸法師は、船に乗ってとある島にたどり着いた。そこで鬼退治をし、打出《うちで》の小槌《こづち》を振ると、あら不思議。背が伸びたという。めでたし、めでたし……。

小さな一寸法師が、なぜ恐ろしい鬼を退治できたのか。それは措《お》いておくとして、問題は、この「小さ子を捨てる」という説話が思いのほか古い伝承だった可能性である。

『古事記』神話の中で、イザナキとイザナミの最初の子が「蛭児《ひるこ》（水蛭子）」だったが、不具のため、葦船《あしふね》に乗せられ海に捨てられてしまっている。『日本書紀』の場合、天照大神が生まれる直前に蛭児が登場している。三歳になっても歩けなかったので、船（天磐樟船《あまのいわくすぶね》）に乗せて捨てられたとある。鹿児島県の鹿児島神宮（大隅正八幡）の裏手に奈毛木《なげき》の杜《もり》があって、蛭子（蛭児）がこの地に漂着し、嘆き悲しんだといい伝えている。

鬼退治する一寸法師

このような話は世界中に残っていて、一寸法師も、この蛭子と同類なのだが、一寸法師の問題は、住吉大社がからんでくることがキモである。住吉大社の祭神は住吉大神と神功皇后だが、神社の伝承が興味深い。神功皇后は夫が亡くなった晩、住吉大神と夫婦の秘《ひ》め事《ごと》をしたというのだ。このあと生まれたのが応神で、八幡神と習合していく。鹿児島神宮の祭神が八幡神なのは偶然ではなく、神功皇后の子が南部九州に逃れてきたのではないかと、筆者は疑っている。史学界は認めていないが、初代神武天皇と応神天皇は同一人物で、一度政争に敗れて、南部九州で零落したと推理しているのだ。

また、この地でヤマトを恨み、呪い、ヤマトで人口が半減するほどの混乱（疫病の蔓延か）が起き、祟りを鎮めるために、南部九州の貴種が、ヤマトに呼ばれたと考える。

太古の記憶は、鮮明に民族の遺伝子にすり込まれ、お伽話となって、中世、近世になっても、吹き出してきたのだろう。

第六章のここがポイント！

藤原氏が栄える時代は、列島人（日本人）が不幸になる時代でもあった。奈良朝後期から平安朝は暗黒の時代で、「人間復興」は鎌倉時代にもたらされた。

さらに、藤原氏が華族に持ち上げられた近代から戦中まで、ろくなことはなかった。そろそろ「藤原氏は古代史の英雄」という固定観念を、捨ててかかる必要がありそうだ。

古代の説話、御伽草子も暗にそのことを教えてくれているのではあるまいか。

第七章

『風土記《ふどき》』と『続日本紀《しょくにほんぎ》』が暴く不都合な古代史

『風土記』編纂の目的は何か

『風土記《ふどき》』は、和銅六年（七一三）五月二日に元明《げんめい》天皇が諸国に編纂《へんさん》を命じた官撰《かんせん》の地誌であり、民俗史でもある。

諸国の国司《こくし》や郡司《ぐんじ》らが中心となり、まとめられた。ただし、「風土記」が正式な文書の名であったかどうかはハッキリとわかっていない。

そもそも「風土記」とは、地方の事情を書いたものを指す普通名詞だ。ただし、一般的には『風土記』といえば、詔《みことのり》によって編纂された地誌を指している。

『風土記』の書名の初見は、平安時代の延喜《えんぎ》十四年（九一四）に書かれた文章の中に出てくる（だからといって、奈良時代に完成していなかったというわけではない。しかも、『風土記』と呼ばれていなかった可能性が高い）。

『風土記』は、何を目的に記されたのだろうか。大宝律令（七〇一年）が施行されてから、混乱も収まり、改めて地方の実態を把握しようとしたのだろうか。天然資源の調査が主目的ではないかとする説があり、さらに、『日本書紀』編纂の材料を集めようとしていたのではないかとする推理もあるが、定かではない。

ちょうどこのころ、地方では、郡の再編などを通じて、それまで力を持っていた豪族たちの力を削《そ》ぐ施策が行なわれていた。

巨大勢力を解体し、地域を再編成することで、郡司や国司の支配力を強めようとする動きである。この中央政府の思惑が、どの程度進捗《しんちょく》したのか、それを確かめる目的もあったかもしれない。あるいは、新しい土地制度が浸透した時点で、改めて地方の様子を知る必要があったのか……。

詔の中で、畿内《きない》（山背《やましろ》、大和《やまと》、河内《かわち》、摂津《せっつ》）や七道《しちどう》（東海道、東山道《とうさんどう》、北陸道、山陰道、山陽道、南海道、西海道《さいかいどう》）諸国の国、郡《こおり》、郷《さと》（里）の地名は、好字《こうじ》（漢字二文字）をつけるようにと指示している。鉱物や草木、禽獣《きんじゅう》、魚や虫などの生息状況などを記録し、土地が肥沃《ひよく》か痩《や》せているか、自然地名の命名の由来、古老の相伝《そうでん》する旧聞異事を史籍に載せて言上《ごんじょう》するようにとあり、これがのちに『風土記』と呼ばれるようになる。それぞれの地域の文書は、都に運ばれ、政府高官の前で朗読され、正倉に保管され、必要に応じて取り出して見られていたようだ。

ただし、いつの間にか多くが散逸してしまった。今残っているのは、『常陸国《ひたちのくに》風土記』、

『播磨《はりま》国風土記』、『出雲《いずも》国風土記』、『豊後《ぶんご》国風土記』、『肥前《ひぜん》国風土記』で、その中でも完本は出雲国だけだ。

他の文書の中に「『風土記』にいはく《わ》」などの形で引用されたりして、「逸文《いつぶん》」として認められているもの（三十国）がある。

中央で捨てられ、地方に残った『播磨国風土記』

『風土記』の多くが散逸してしまっているのは、中央政府の政治的判断があったからではないかと疑ってしまう（つまり、捨てたということ）。

『風土記』編纂事業は、まず天皇の詔（天皇の意志というよりも、時の権力者、具体的には藤原氏の発案だろう）が作業の大枠を伝え、それを受けて、地方の役人が思い思いに編纂に取りかかったわけだ。

『日本書紀』なら、藤原不比等の目が届く場所で編纂作業は進められ、藤原不比等の「やりたいこと」は、チーム全体に伝わっていただろう。しかし、遠く離れた場所で進む作業のすべてを、中央政府が掌握できたわけではなかった。当然、「藤原氏の機嫌を損《そこ》ねる」ような内容の文面が数多く出現していて、のちに捨てられてしまったのではなかったか。

中央には残らずに地方で生き残った『風土記』がある。それが『播磨国風土記』だ。国に納《おさ》めた完本ではなく、播磨国の国庁に残っていた「草稿（未整備稿本）」を書写したものらしい。しかも、「国司のチェックを受ける前の、荒削りな代物《しろもの》」だったと考えられている。要は、下書きが国庁《こくちょう》に残り、整理して都に送られた物は残っていなかったわけである。

柳田國男の高弟として民俗学の基礎を築いた折口信夫

折口信夫は『播磨国風土記』を指して、不合理で素朴、前代を胎《のこ》した文書だといっている（『折口信夫《おりぐちしのぶ》全集8』中央公論社）。

問題は、『播磨国風土記』と『日本書紀』の記述が大きな矛盾《むじゅん》をかかえていることだ。わかりやすいのは、アメノヒボコ（天日槍命）と出雲神の争いだ。

『播磨国風土記』揖保郡粒丘《いいぼのこおりいいぼおか》の地名説話に、アメノヒボコが登場する。韓国《からくに》から渡って来たアメノヒボコは、宇頭《うず》の川底《かわじり》（揖保川河口部）に至り、葦原志挙乎命《あしはらしこおのみこと》（出雲神・大国主神《おおくにぬしのかみ》の別名）に宿を乞うた。

「あなたは国の主だ。私の宿を提供していただきたい」と告げると、葦原志挙乎命は、海の中を示した。すると、アメノヒボコは剣を抜き、海水をかき混ぜて宿にした。葦原志挙乎命は、勢い盛んなアメノヒボコの行動を見て、先に国を奪われるのではないかと恐れ、粒丘に登り、食事をなさった。この時、口からご飯粒が落ちたため、「粒丘」と名づけた。その丘の小石は、ご飯粒に似ている……。

アメノヒボコは『播磨国風土記』の中で、葦原志挙乎命だけではなく、伊和《いわ》の神（文脈から考えて、出雲系の匂いがする）とも争っている。『日本書紀』によれば、アメノヒボコは第十一代垂仁《すいにん》天皇の時代に来日していたとある。『播磨国風土記』は、なぜかアメノヒボコを神話時代に組み入れてしまっている。アメノヒボコは『日本書紀』の記述を信じれば、これは明らかな時代錯誤《さくご》だ。しかし、播磨にはそういう伝承が残されていたのだろう。ならば、『日本書紀』と播磨の伝承のどちらが正しいのだろうか。

筆者は、「アメノヒボコと出雲神は、どちらもヤマト建国の前後の人たち」と考えている。そして、『日本書紀』は歴史を改竄するために、勝手にヤマト建国の歴史を神話と第十一代垂仁天皇の二つの時代に分けてしまったのだろう。『播磨国風土記』はむしろ正しかったのだと思う。だからこそ、『日本書紀』を記した政権側は、『播磨国風土記』が邪魔になったに違いない。

出雲の敗北を記録しなかった『出雲国風土記』

『出雲国風土記』も無視できない。

出雲は特殊な地域で、律令が整備され、国司や郡司が派遣されたあとも、制度上必要のなくなった国造家《こくそうけ》は残り（今日まで続いている！）、国司と並存した。そして、本来なら国司がまとめるべき『風土記』を、出雲では国造が中心となって編纂していた。

『出雲国風土記』には、神話が記載されているが、内容は『日本書紀』とは異なっている。このため、中央が創作した政治的な神話とは違い、牧歌的で、土地で語り継がれた本当の神話が残されている、と信じられいている。しかし、話はそれほど単純ではない。たとえば、ヤマト建国の直後、出雲の旧勢力が一気に衰退していたことが考古学的に確かめられているが、『出雲国風土記』はこの事実を記録していない。これはかえって不可解だ。「風土記」を編纂した国造家にも謎がある。出雲国造家の祖神は、出雲神ではない。出雲の国譲りの下準備のために送り込まれた天穂日命《あめのほひのみこと》だ。この神は出雲に同化してしまい、復命しなかった。そこで、天上界から新たに経津主神《ふつぬしのかみ》と武甕槌神《たけみかづちのかみ》が送り込まれ、出雲の大己貴命《おおなむちのみこと》や事代主神《ことしろぬしのかみ》は、国を譲り、去って行ったのだ（『日本書紀』）。そして、のちに天穂日命の末裔が、出雲の国造に任命されたのである。

しかし、この話も奇妙だ。天穂日命は天上界を裏切っていたのだから、処罰されなくてはおかしい。現実は逆だった可能性が高い。というのも、出雲国造が新任されて都に最初に出向く時、『出雲国造神賀詞《いずものくにのみやつこのかむよごと》』を奏上するが、この中で国造家の祖は、出雲を平定したといっているからだ。

ところで、大和岩雄《おおわいわお》は武甕槌神を尾張系とみなし、筆者もこの考えを支持する。また、武甕槌神の末裔が出雲国造家だったと推理する（詳細は拙著『出雲大社の暗号』講談社）。尾張系の武甕槌神は物部系の経津主神とともに、出雲を制圧したのだろう。『日本書紀』や神社伝承を総合すると、「歴史時代に入ってからも物部氏と尾張氏が出雲をいじめている」ことがわかるが、この様子を神話にして出雲の国譲りが生まれたのだろう。

出雲国造家は「古い出雲を制圧した人たちの末裔」であり、出雲国造家が中心になって編纂された『出雲国風土記』が正確に出雲の歴史を伝えているかというと、実に疑わしい。出雲国造家そのものが、政治的な存在だったからだ。もともと出雲国造家は、出雲の東側の意宇《おう》の地域を拠点にし、熊野大社を祀り、西側の旧勢力圏に睨みをきかせていたようなのだ。その後、杵築《きづき》大社（出雲大社）を祀るようになった。

出雲の歴史は、複雑なのだ。『風土記』も、一筋縄ではいかない。その真相を語り出せば、それこそ一冊の本になってしまう。

『続日本紀』は多くの歴史を闇に葬っている

ここで、話を『続日本紀』（全四十巻）に移すことにする。『日本書紀』の次に記された正史で、文武元年（六九七）から延暦十年（七九一）までの百年弱の歴史を綴《つづ》っている。『日本書紀』に比べて、記述は明確で矛盾が少なく、「これを読んでいれば、奈良時代から平安時代初期にいたる歴史は、ほぼ理解できる」と信じられている。古代史の謎に果敢に挑戦した作家・松本清張《せいちょう》は、邪馬台国《やまたいこく》やヤマト建国、飛鳥《あすか》時代に比べれば、奈良時代には謎がほとんどないといっている。しかし、大きな誤解だ。『続日本紀』についても、マジメな歴史書に見えて、要所要所で歴史の真相を隠匿《いんとく》している。前半六十二年の草稿は三〇巻だったが、削りに削って二十巻に減らしている。後半は三十三年だが、前半よりも記述の量が多いということになってしまった。政権にとって都合の悪いことは、チェックされ、抹消されたのだろう。わかりやすい例が、和銅六年（七一三）十一月に起きた石川刀子娘《いしかわのとねのいらつめ》貶黜《へんちゅつ》事件である。

貶黜とは、官位を下げて退《しりぞ》けることであるが、石川刀子娘といっても誰のことかと、多くの人が思うだろう。石川刀自娘は蘇我系で、藤原不比等の仕掛けた卑怯な罠（罠というよりも、一方的ないいがかり）にはめられて没落した。ここに、藤原氏千年の繁栄の基礎が固められたのだ。文武《もんむ》天皇に嫁いでいた藤原不比等の娘・宮子《みやこ》が産んだ首皇子《おびとのみこ》が、最有力の皇位継承候補になったからだ。こうして藤原氏は、初めて外戚の地位を手に入れた。王家に藤の蔓《つる》のように寄生し、私利私欲のために利用した。藤原氏だけが栄える時代の到来である。それほど大きな事件だったのに、『続日本紀』は、詳細を語っていない。それは当然のことで、顛末《てんまつ》を後世に残せば、それこそ、「藤原氏はやり方が汚い」、「軽蔑すべき人びと」と知れ渡ってしまっただろう。

事件は、すでに亡くなっていた文武天皇の三人のキサキのうち、宮子以外の二人が突然、「結婚はなかったことにする」といい渡されたのだ。このため、石川刀子娘が生んだ子は臣籍降下し、皇位継承候補の地位から引きずり下ろされてしまった。そして、問題は石川刀子娘に二人の男子が存在したことすら、『続日本紀』は記録しなかった点だ。この時代、まだ蘇我（石川）氏の権威は絶大で、長屋王が藤原四子に狙われたのは、キサキが蘇我系で、有力な皇位継承候補だったからでもある。成り上がりの藤原氏は奈良時代に至っても、尋常な手段では名門豪族・蘇我氏に太刀打《たちう》ちできなかった。

しかし、だからといって、無理矢理キサキを引きずり下ろしたり、一家を皆殺しにしていいはずがない。

『続日本紀』は、藤原氏が仕掛けてきた陰謀と人びとの怨嗟《えんさ》の声をすべて抹殺している。特に、藤原氏が盤石な体制を築くまでの悪魔のような所行は、『続日本紀』の前半に固まっていたから、多くの歴史を削ったのである。

『続日本紀』がバッサリ削った藤原不比等と県犬養三千代の記述

『続日本紀』前半部の記述で、もっとも削られてしまったのは、藤原不比等の足跡と妻の県犬養《あがたいぬかいの》（橘《たちばなの》）三千代《みちよ》の存在ではなかったか。藤原千年の土台を築いた二人の行動が、『続日本紀』から読み取ることがむずかしい。だから、近年に至るまで、藤原不比等と県犬養三千代の重要性すら、気づかなかったのだ。

藤原不比等の犯罪まみれの業績については、しだいに明らかになってきたので、ここでは県犬養三千代について触れておきたい。

古代史最大級の謎に、聖武《しょうむ》天皇と光明子《こうみょうし》の夫婦がいる。光明子は藤原不比等の娘なのに、聖武天皇が反藤原の帝に豹変するのを指をくわえて見守った。いや、じつは聖武の暴走を許したのは光明子だった可能性が高い。話はややこしいが、「光明子は藤原不比等を憎む県犬養三千代の娘」だったと考えれば、すべての謎が解けてくる。

県犬養三千代はもともと親天武派の美努王《みののおおきみ》に嫁いでいたが、夫の不在中に藤原不比等に寝取られた。藤原不比等は、後宮《こうきゅう》（江戸城でいえば大奥）に広い人脈を持つ県犬養三千代を手に入れれば、石川刀子娘貶黜事件のような「女性を利用した陰謀」が可能になると判断したのだろう。県犬養三千代は、目的のためには手段を選ばない藤原不比等の怖ろしさを知っていたから、家族を魔の手から守るために、渋々、藤原不比等に従ったのだろう。

そして、藤原不比等の期待に応え、首皇子の即位を実現させた。県犬養三千代に藤原氏は感謝すべきだ。この女性がいなければ、こののちの藤原氏の繁栄があったかどうか、じつに心もとないのである。

しかし、光明子には、母の苦悩がわかっていたのだろう。光明子も母と同じように、「親藤原派の仮面をかぶって密かに藤原を呪う女」だったのだ。長屋王謀反事件ののち、藤原不比等の四人の子（武智麻呂、房前、宇合、麻呂）が病魔（祟り）で全滅すると、県犬養三千代と光明子の母子は、法隆寺を丁重に祀り、「反藤原派の恨み」を鎮めることに躍起になった。県犬養三千代と光明子は、懺悔し続けていたのだ。法隆寺の国宝・橘《たちばな》夫人《ふじん》厨子《ずし》をみるたびに、心根が優しいゆえに利用された悲劇の女性の悲しみに思いをいたすのである。

『続日本紀』が、藤原不比等と県犬養三千代をほとんど歴史に登場させなかったのは、具体的な二人の行動を記録すれば、「藤原氏の正義」を証明できなくなってしまうからだったのだろう。

第七章のここがポイント！

『風土記』も『続日本紀』も、藤原氏が実権を握ったあとに編纂が始まった。もちろん、藤原氏にとって都合の悪いことは、バッサリ切り落とされたと思われる。

しかし、完全犯罪はなかなかできないもので、小さなほころびから、いくつもの証拠は、あがってくるものだ。

だから、歴史家は先入観にとらわれず、仮説を立て、こつこつと真実の歴史を探し求める必要があるのだ。

……◉おわりに

「不都合な真実」を明らかにすることで、本当の古代史が見えてくる

藤原不比等が実権を握ってから千年、藤原氏はほぼ朝廷を支配してきた。今日に至っても、藤原氏の末裔は日本社会を影から操る閨閥《けいばつ》を形成しているし、中臣氏は神道界に隠然たる影響力を維持している。だから、藤原氏にとって「不都合な真実」は覆《おお》い隠され、都合のよい『日本書紀』の記述が、そのまま古代史のベースになってきたのだ。もし仮に、途中で藤原氏が滅亡していれば、古代史の多くの謎は、霧散《むさん》していたことだろう。

しかし、だからこそ、藤原氏に恨みをいだく人びとは、多くの「暗号書」を残したのだ。藤原氏に問い詰められても、「そんなことは書いていない」とはぐらかすことができたわけだ。だから、表面上は『日本書紀』の記述にそっくりなのに、要所要所で矛盾する文書がいくつも登場した。

『日本書紀』が生き残ったために、古代史の謎は深まったが、『日本書紀』の嘘を暴《あば》く文書が今に伝わったからこそ、古代史の謎解きは興味が尽きないのだ。

そこで、最後に『日本書紀』を糾弾する古代文書の正体をおさらいしておくことにする。

まず、『古事記』だ。その序文には、『日本書紀』よりも先に書かれたとあるが、これは本当だろうか。どちらの古代文書が古いのかを判断する目安はいくつかあるが、わかりやすい判断材料は、神話の冒頭に登場する神だ。

『日本書紀』には「天と地の中に物が生まれた」とあり、それが「国常立尊《くにのとこたちのみこと》」だった。『古事記』の場合、「天之御中主神《あめのみなかぬしのかみ》、高御産巣日神《たかみむすびのかみ》、神産巣日神《かむむすびのかみ》」の三柱がまず登場し、「国之常立神《くにのとこたちのかみ》（国常立尊）」がそのあとに登場する。『先代旧事本紀』は、「天譲日天狭霧国禅日国狭霧尊《あめゆずるひあまのさぎりくにゆずるひくにさぎりのみこと》」が最初に高天原に生まれたといい、そのあとに天御中主尊《あめのみなかぬしのみこと》（天之御中主神と同じ）以下の神を掲げている。つまり、『日本書紀』の神よりも『古事記』の神が、『古事記』よりも『先代旧事本紀』の神が上に立つ、と『古事記』と『先代旧事本紀』の編者は主張しているが、これは藪蛇《やぶへび》ではなかったか。「『先代旧事本紀』は『古事記』を、『古事記』は『日本書紀』を意識して編纂された」ことの裏返しに過ぎないからだ。『古事記』の序文は、「『日本書紀』よりも先に編纂が始まった」といい、『先代旧事本紀』は「『古事記』よりも先に編纂が始まった」と述べているのも、まったく同じ図式で、文面通りに受けとめるわけにはいかない。

そしてもちろん、なぜ、『古事記』や『先代旧事本紀』はこのような「子供だましの主張」

を繰り広げたのかといえば、『日本書紀』によって消し去られた歴史、すり替えられた正義を元通りに直したいという執念があったからだろう。

『上宮聖徳法王帝説』と『元興寺伽藍縁起幷流記資財帳』は、蘇我氏の復権を願い、「聖徳太子の正体」を明かすためのカラクリを用意した。

それにしても、なぜ、『上宮聖徳法王帝説』は聖徳太子の死を、何度も確認したのだろうか。ヒントは、『上宮聖徳法王帝説』の取り上げる仏像などの金石文に、聖徳太子の死亡した年が明記されていることだ。『上宮聖徳法王帝説』はこれらの記述をかき集め、聖徳太子の死を強調することによって、『日本書紀』の主張する年の翌年だったことを、印象づけたかったのだと思う。聖徳太子と大海人皇子（天武天皇）が親子だった事実を隠ぺいしようとした、と筆者は推理している。大海人皇子の母が皇極（斉明）天皇だったとしても、父親は蘇我系の誰かで、その誰かが聖徳太子のモデルになったと考える。『日本書紀』の主張を受け入れれば、大海人皇子の父は生物学的に聖徳太子ではありえないことになる。かたや『上宮聖徳法王帝説』の主張を受け入れれば、大海人皇子は皇極天皇と「蘇我系の男（聖徳太子）」の間に生まれた可能性が出てくるのだ。ここが、キモだと思う。

『万葉集』や『懐風藻』は文学のジャンルに括《くく》られるが、れっきとした歴史書である。『万葉集』

は、歌の時系列と「隠語」と「題詞」を駆使して、歴史の真実を暴こうとしている。『万葉集』と『懐風藻』は、藤原氏に追いつめられ、無実の罪で殺されていった者たちの無念の思いを、「歌という生《なま》の証言」を活用して晴らそうとしたのだろう。

『古語拾遺』と『藤氏家伝』は、じつに対照的な文書で、『古語拾遺』は中臣（藤原）氏の専横を批難し、かたや『藤氏家伝』は、中臣（藤原）鎌足や藤原氏の業績を自画自賛している。どちらも、ハッキリと編纂目的がわかる文書である。

『竹取物語』と『御伽草子』は、単なる作り話などではなく、意外な古代史の真実をつきつけているし、『続日本紀』と『風土記』には、謎などほとんどないと信じられていたが、記述されていないことが、じつは雄弁に真実を物語っているし、また多くの秘密が隠されていたのである。

こうして古代文書の数々を眺めてくると、いかに『日本書紀』が、藤原不比等の主張が盛り込まれた「嘘」の正史であり、それを多くの人々が命がけで暴こうとしていたかがわかるのである。

古代文書は、藤原氏の暴君ぶりを訴え、藤原氏だけが栄えた悪夢のような時代を、後の世に伝えていたのである。

◎参考文献

『古事記祝詞』 日本古典文学大系 （岩波書店）
『日本書紀』 日本古典文学大系 （岩波書店）
『風土記』 日本古典文学大系 （岩波書店）
『萬葉集』 日本古典文学大系 （岩波書店）
『続日本紀』 新日本古典文学大系 （岩波書店）
『懐風藻　文華秀麗集　本朝文粋』 日本古典文学大系 （岩波書店）
『魏志倭人伝・後漢書倭伝・宋書倭国伝・隋書倭国伝』 石原道博編訳 （岩波書店）
『旧唐書倭国日本伝・宋史日本伝・元史日本伝』 石原道博編訳 （岩波書店）
『三国史記倭人伝』佐伯有清編訳 （岩波書店）
『先代舊事本紀』大野七三 （新人物往来社）
『日本の神々』 谷川健一編 （白水社）
『神道大系　神社編』（神道大系編纂会）
『古語拾遺』斎部 広成著　西宮 一民編集 （岩波文庫）
『藤氏家伝　注釈と研究』 沖森卓也　佐藤信　矢嶋泉 （吉川弘文館）
『日本書紀　一　二　三』 新編日本古典文学全集 （小学館）
『古事記』 新編日本古典文学全集 （小学館）
『万葉集』新編日本古典文学全集 （小学館）
『日本書紀成立の真実』 森博達 （中央公論新社）
『愛とまぐはひの古事記』 大塚ひかり （ちくま文庫）
『古事記の起源』 工藤隆 （中公新書）
『古事記を読みなおす』 三浦祐之 （ちくま新書）
『論集　古事記の成立』 倉野憲司他著 （大和書房）
『古事記偽書説は成り立たないか』 大和岩雄 （大和書房）
『奇書「先代旧事本紀」の謎をさぐる』 安本美典編 （批評社）
『日本の神々　「先代旧事本紀」の復権』 上田 正昭　鎌田 純一 （大和書房）
『蘇我氏と大和王権』 加藤謙吉 （吉川弘文館）
『日本思想大系２　聖徳太子』 家永三郎　藤枝晃　早島鏡正　築島裕 （岩波書店）
『萬葉集大成　第十巻　作家研究篇下』（平凡社）
『酒呑童子の誕生』 高橋昌明 （中公新書）
『風土記を学ぶ人のために』 植垣節也／橋本雅之編 （世界思想社）
『風土記の世界と日本の古代』 永藤靖 （大和書房）
『出雲世界と古代の山陰』 瀧音能之 （名著出版）
『折口信夫全集　８』 折口信夫 （中央公論社）
『昔話の考古学』 吉田敦彦 （中公新書）
『昔話の深層』 河合隼雄 （福音館書店）
『清張通史　６　古代の終焉』 松本清張 （講談社文庫）
『竹取物語と中将姫伝説』 梅澤恵美子 （三一書房）

著　者

関　裕二（せき　ゆうじ）

歴史作家。

1959年千葉県柏市生まれ。独学で古代史を学ぶ。

1991年衝撃的なデビュー作『聖徳太子は蘇我入鹿である』を発表以来、意欲的に古代をテーマにした執筆活動を続けている。

著書に、じっぴコンパクト新書の好評既刊『古代史が解き明かす日本人の正体』『闇に葬られた古代史』『なぜ「日本書紀」は古代史を偽装したのか』『なぜ「万葉集」は古代史に真相を封印したのか』『古代史 この「七つの真実」はなぜ塗り替えられたのか』『裏も表もわかる日本史 古代編』（以上、実業之日本社）のほか、『物部氏の正体』『蘇我氏の正体』『藤原氏の正体』（以上、新潮文庫）、『源氏と平家の誕生』（祥伝社新書）、『台与の正体』（河出書房新社）など、斬新な切り口で意欲作を多数発表している。

※本書は書き下ろしオリジナルです。

じっぴコンパクト新書　342

古代史《こだいし》　不都合《ふつごう》な真実《しんじつ》
12の古代文書《こだいもんじょ》が暴《あば》く「日本書紀《にほんしょき》」の嘘《うそ》

2018年　1月18日　初版第1刷発行
2020年　7月15日　初版第2刷発行

著　者……………………関　裕二
発行者……………………岩野裕一
発行所……………………株式会社実業之日本社
〒107-0062　東京都港区南青山5-4-30
CoSTUME NATIONAL Aoyama Complex 2F
電話（編集）03-6809-0452
（販売）03-6809-0495
https://www.j-n.co.jp/

印刷・製本 ……………大日本印刷株式会社

ISBN978-4-408-33764-7（第一趣味）